給年輕人的極簡金融課

中國萬門大學校長　童哲 ——— 著

這是一本寫給年輕人的書。

年輕時的自己，在接觸了經濟金融之後有一種相見恨晚的感覺，忽然發現其實早就應該涉獵這門學科。經濟金融確實非常有意思及實用，通過它，我們可以看到更廣闊的世界，因為經濟學在解釋一個我們永遠無法繞開的主題——這個真實世界。

是的，我們生活在真實世界中，如果對世界的運行方式沒有系統地掌握，不但對不起自己，還會因此錯失很多機會。這個世界的經濟規律發揮着底層的作用，我們要知其然而知其所以然，經常聽新聞說 M1（狹義貨幣供應量）、M2（廣義貨幣供應量），理財產品的名稱換來換去，如果不知道它們運作的底層邏輯，很難保證不會做出錯誤的決定。經濟金融就是社會運作的底層邏輯之一，我們一起感受顯微鏡下經濟金融的世界吧！

每天早上一起床，很多人做的第一件事情並不是刷牙洗臉，而是拿起手機，看看是否有新消息。這個簡單的動作，背後存在着多種經濟金融邏輯。首先，你拿着的智能手機並不是由一家公司從頭到尾生產出來的。它的設計可能是

美國的；芯片的生產可能在德國；軟件由印度人開發；而組裝在越南，最後被拿到中國銷售。這個小小的手機能夠由全球不同國家的公司共同完成，就在於經濟金融的運行讓全球化成為可能。當你打開手機時，你獲得很多服務是免費的，你通過免費的社交軟件看到朋友的最新動態；看着免費的電子報紙；欣賞免費的視頻，不用付費就能查看今天的天氣預報……為什麼你在享受這些服務的時候不用付錢，而這些服務的提供商還樂此不疲地為你提供最優質的服務呢？答案是經濟金融的邏輯在起着作用。

這個話題實在太大了，我們還是從小的地方說起，先看社會是如何富裕起來，再看我們在這樣的社會應該如何定位自己。經濟和金融的關係有點兒像科學和工程的關係。科學研究物質世界如何運作；工程在運作規律的基礎上進行實用性的延伸。從這一點來說，繞開經濟學，金融就是空中樓閣；繞開金融談經濟，很容易淪為空談。我們就在這本書裏，一次性地把這些重要問題都梳理了，相信你不會後悔閱讀這本書。

目　錄

第四課：一切社會問題，都是經濟問題

第五課：投資與風險

第一課

社會財富
如何積累？

　　我們這代人其實很幸運，雖然並不是每個人都能施展自己的抱負，但只要肯吃苦，找一份工作後吃飽喝足還是可以輕鬆做到的。

　　我們的父輩還經歷過生活物資嚴重短缺的情況，改革開放 40 餘年，中國能夠有如此大的變化實屬不易，那麼，社會財富究竟是如何積累的？這個問題對於社會和個人都很重要，瞭解財富的生成和積累機制，有助於我們理解社會運行機制，並能指導我們的生活。這正如物理學的突破能有助於更好地製造半導體器件一樣。

　　知其然也要知其所以然，你準備好了嗎？請繫好安全帶，我們馬上出發，讓我們從一個簡單的問題開始：社會財富是如何不斷增長的？

買一瓶可樂，社會財富會增加多少？

個體是社會的基本組成單位，個人的財富是如何增長、積累的？這個問題的答案比較簡單，那就是儲蓄。如果一個人的收入大於他的支出，他的財富就會逐漸積累起來。比如，一個人有一塊地，這塊地每年的產值為 100 元。同時，他每年的支出是 80 元，那麼，他每年可以結餘 20 元，這部分錢就可以作為他的財富積累下來。日積月累，這個人的財富也就會越來越多。即個人財富的增長是通過儲蓄這個方式實現的。

財富不斷增加的兩大因素：勞動和專業分工

如果一個社會只有一個人，問題理解起來比較容易；但隨着人口的增加，事情就會變得越來越複雜。我們還是看剛才那個例子，不過現在有兩個人，每個人有兩塊地，為了生存，他們每個人都需要種糧食和蔬菜這兩種作物。如果兩個人不交換，他們就需要各自在自己的兩塊地上分別種上糧食和蔬菜。由於身體條件和技能熟練程度不同，第一個人在一塊地上種糧食的產值是 100 元——為了方便，我們就直接用產值來衡量收穫，而不具體説收了多少斤糧食、多少斤蔬菜；在另一塊地上種蔬菜的產值是 80 元。第二個人和他相反，他在一塊地上種糧食的產值是 80 元，在另一塊地上種蔬菜的產值是 100 元。如果這兩個人每人每年需要消耗 50 元的糧食、50 元的蔬菜，那麼第一個人每年能贏利 80 元，

第二個人每年也贏利 80 元。這樣通過勞動，整個社會的財富增加了 160 元。這便是財富得以增加的重要原因之一：勞動。

這個過程便是幾千年來農業社會發展的歷程，整個社會的財富積累非常緩慢。不過，在這個過程中，農民會發現交換的重要性，而這會導致社會分工的產生。再回到剛才的那個例子，第一個人發現自己種糧食比種蔬菜更在行，他同時發現第二個人更善於種蔬菜。於是，他們可以達成合作：第一個人的兩塊地都由第一個人用來種糧食，第二個人的兩塊地都由第二個人來種蔬菜。這樣第一個人一年可以收穫 200 元的糧食，第二個人可以收穫 200 元的蔬菜。第一個人將 50 元的糧食和第二個人 50 元的蔬菜進行交換，從而滿足各自的需求。這樣，每年第一個人除去消耗的 50 元蔬菜、50 元糧食，可以剩餘 100 元，而第二個人也同樣能夠剩餘 100 元。於是，整個社會每年的財富就增加到了 200 元。相比沒有分工的社會，有分工的社會財富增加了 40 元。這就是亞當‧斯密（Adam Smith）所說的「比較優勢」，簡單地說就是，每個人都應該專注於做自己擅長的工作，這會帶來整個社會總福利的增加。這也是現在社會分工越來越細的原因，所有人都做自己最擅長的工作，其他需求由別人來滿足，這會最終使整個社會福利最大化。由此可見，分工是社會財富不斷增加的第二個重要原因。

從「土地財政」到「科技創富」

除了勞動與分工，另一個促使社會財富不斷增加的重要原因是技術。農業社會，土地是最重要的資源，也是限制糧食產量的重要因素。地球上的土地總量是一定的，那麼能夠生產出來的食物總量也是一定的，但人口卻在不斷地增加。200 多年前，英國一個名叫馬爾薩斯（Malthus）的人，基於這一假設提出了著名的「馬爾薩斯陷阱」（Malthus Trap）理論。他指出，雖然隨着耕作技術的改進，產量會相應逐漸增多，但這個增長速度是緩慢的。比如前面所説的糧食產值從 100 元，可以逐漸增加到 110 元、120 元……這是一個線性的增長過程。而人口的增長卻是指數型的，在當時環境下，夫妻兩人生 4 個孩子，4 個孩子結婚後，會形成 4 個家庭，每個家庭再生 4 個孩子……當然這個例子比較極端——出生率較高，也沒有考慮死亡率等因素，但人口的增長速度遠遠快於土地產值增加的速度，這一結論卻是顯而易見的。這會導致人類陷入普遍饑餓的狀態，即出現「馬爾薩斯陷阱」。

200 多年過去了，人口增長了不止 10 倍，地球上的土地面積並沒有變，為什麼「馬爾薩斯陷阱」不僅沒有發生，人類社會的財富增長速度還遠遠超過人口出生速度呢？其中一個重要原因就是：工業革命以來，技術不斷進步。我們還以開始的那個例子來説，隨着生產自動化等技術的應用，一個人勞作後，一塊土地上的相應產值已經不再是 100 元，而

是 1,000 元，甚至是 10,000 元，這樣，耕種一塊地所需要的人手越來越少，產值越來越多，能夠養活的人也越來越多。

除了作用於農業，技術進步也使其他領域的財富積累加快。比如，隨着糧食的積累，釀酒成為可能。回到前面的例子，第一個人通過分工後，發現每年能夠剩餘 100 元的糧食。如果直接出售這些糧食，他只能得到 100 元的收入。但是，如果把這些糧食釀成酒，他就能夠獲得 200 元的收入。這樣，在時間、精力允許的情況下，他會把剩餘的糧食釀成酒賣出去，而不是僅以糧食的形式銷售。不過，隨着在釀酒方面的深入研究，他可能會發現：比起種地，他在釀酒方面更在行。於是，他會放棄種地，轉而通過收購糧食進行釀酒來養活自己。他如果每年可以收購 200 元的糧食，釀成酒後得到 400 元的收入，他就能得到 200 元的收入。除去 100 元每年需要消耗的糧食及蔬菜外，他還能夠得到 100 元的財富積累。這樣，他已經不再需要土地已能積累財富。

每一次買賣，會讓社會財富增加

到目前為止，我們還只是聚焦在生產領域，流通領域可以創造財富嗎？答案是肯定的，否則現代社會的商業就不會那麼發達了。在現代社會，我們來看看一瓶可樂的交易能帶來多少社會財富的積累。

一次買賣為什麼會發生？因為交易對雙方都有利，僅此

而已。這種雙方都變得比原來更好的狀態，在經濟學中用一個特別的詞——「帕累托改進」（Pareto Improvement）來形容。

每一次買賣只要不是強買強賣，都是帕累托改進。舉個簡單的例子，小明花 3 元買了一瓶可樂，對於小明來說，購買這瓶可樂的收益大於 3 元，他才願意去買這瓶可樂。當然，我們很難說一瓶可樂對於小明的價值，但是小明心裏有量秤，他是能夠判斷的。這個判斷是大小判斷而不是數值判斷。

我們再舉個例子分析一下。一個 Nike 粉絲願意花 1,000元買一雙 Nike 鞋，因為他認為這雙鞋給他帶來的價值大於 1,000 元。這個價值可能來自多方面，也許是舒適性，也許是面子上的價值（面子上的價值其實也是非常重要的人類決策原因，因為這牽扯到很多後續的內容，例如追女朋友的機會等），無論是何種原因，只要最終價值大於 1,000 元，小明就會購買。即使小明自己有時候也不能確定價值是 1,548元還是 3,882 元，只要大於 1,000 元即可，並且這個判斷大多數時候是準確的。如果搜集的信息不夠，完全可能導致誤判，因此詢價是為了增強判斷的信心。現在很多商品是品牌商品，而「品牌」最大的好處就是節省信息搜集的時間，讓人容易定準心理預期價值。

同樣的道理，賣方也有自己的心理價位。小賣部老闆如果願意以 2 元賣出一瓶可樂，就意味着這筆買賣他沒有虧。

這瓶可樂進貨價可能是 1.5 元，而平攤到這瓶可樂上的房租及人力成本約為 0.5 元，這樣，老闆願意以 2 元的價格賣出。但是每次和別人討價還價會付出巨大的時間成本，為了節省時間，小賣部採用明碼標價的方式。當然，如果有人強行要和老闆還價 10 分鐘，老闆很可能願意以 2.8 元把可樂賣出去。當然，可能的情況是，老闆也不知道底價是多少，僅有一個 2.5 元的概念，因為要確定具體的成本實在是一件非常複雜的事情，計算起來也是非常消耗時間的。更多時候，商品是在買賣雙方都不清楚的情況下成交的，因為雙方的決策不是一個計算題，而是大小比較題。

我們先估算一下。小明認為這瓶可樂給他帶來的價值是 5 元，老闆認為成本是 2 元，那麼一瓶可樂被賣出，社會財富就增加了 5 元 -2 元 =3 元，也就是兩者的差價。為什麼呢？因為雙方眼中的一瓶可樂的價值是不一樣的，所以「交換」這件事情本身雖然沒有增加新的物質，但是社會財富增加了。而這樣的財富增加可以是一瓶可樂的交易帶來的，也可以是其他物品的交易帶來的。每天無數商品被生產出來，又被交易，無數筆交易中「買方收益值和賣方成本價」的差價不斷疊加，社會財富就源源不斷地增加了。雖然整個宇宙的物質總量是一定的，但是社會財富可以不斷增加。用經濟學的術語表示我們剛才說的差價 3 無是「消費者剩餘 + 生產者剩餘」，這就是每一筆交易對社會福利的推進。所以，我們現在能理解為什麼富裕的國家都是貿易大國，因為在一筆筆買賣之中，社會財富確實增加了。這個國家交易的商品無

論是什麼，每一次的交易，都會使社會財富增加，這就是社會發展的根本原動力。

當一個社會的法律保護貿易，當一個社會成為貿易的中間樞紐，當一個社會能夠高效生產商品，這個社會簡直就像坐上了火箭，想不快速發展都難！

什麼樣的人在社會中能多賺錢？

只要是合法賺錢，賺錢的人一定是在為社會提供優質商品或者服務。多勞多得是現代社會制度設計的大方向，肯付出勞動的人也必然是能夠賺到錢的人。但是，相同時間內每個人的產出率不同，提供的服務質量不同，可替代性不同，最終會導致單位時間的收入不同。下面，我們就分幾點來說明一下。

想比別人賺更多，就要提升產出率

產出率這個概念最早來自工廠，意思是單位時間內生產出來的產品數量，「計件工資制」就是在這個基礎上發展而來的──你每天的收入取決於你當天生產了多少產品。流水線上，同樣工作 8 個小時，有的人能生產出 8 個配件，有的人只能生產出 4 個。顯然，生產 8 個配件的人就應該比生產 4 個配件的人賺的錢多。產出率高的人應該賺得多，這是一個不爭的事實，但更重要的問題是：為什麼有的人的產出率會比其他人的產出率高呢？之所以這個問題重要，是因為我們每個人都想成為賺錢多的那個人。

第一個因素顯然是身體條件，身體素質好的人顯然要比身體素質差的人產出率高，這在重體力勞動時表現得更加明顯。但身體條件並不能說明所有問題，第二個因素是熟練程度，熟練工的產出率顯然要比新手的產出率高。同樣是流水線上的裝配工人，工作了多年的熟練工比剛參加工作的工人容易生產出更多產品。不過，這兩個因素都跟個人的條件有關，脫離個人條件，還有沒有更重要的影響因素呢？答案是有的。第三個因素是技術。歷史告訴我們，流水線上的工人要比傳統小手工業者賺的錢多。當機器大生產剛剛普及的時候，小作坊裏的那些手工業者突然發現自己生產的產品失去了競爭力。20世紀上半葉，這種情況在各個領域普遍存在。舉個簡單例子，小作坊裏的一個熟練工需要兩天才能做出一雙鞋子，每天的產出率為「半雙鞋子」。但工廠裏，20個工人通過流水線的合作方式，一天可以做出40雙鞋子，每個人的產出率提高到了每天2雙。這種情況下，工廠裏的工人賺的錢肯定比小作坊裏的熟練工多。

　　從產出率的角度來看，你如果想比別人賺的錢多，就要努力提高自己的產出率。幾千年來，農業的發展歷史對此做出了良好的詮釋。古代社會，農民想要比別人過得好，就需要起早貪黑，開墾更多的地，這樣才能有更好的收成。隨着化肥的使用，每畝地的產量顯着增加，這意味着同樣工作一天，糧食的收成增多，收入也開始提高。再往前一步，隨着機器在農業生產中的應用、無人機噴灑農藥技術的推廣，以

前一個人一年最多能種 10 畝地，現在一個人一年可以種上千畝地，這也是產出率提高帶來的好處。

不過，在相同的技術條件下，人與人的產出率差不了太多，你如果想比別人賺的錢多，就不能局限於產出率的提高。

蘋果手機為什麼比山寨手機貴

除了產出率，另一個影響賺錢的因素是提供的產品及服務的質量。同樣是手機，蘋果手機能比山寨手機賣得貴，就在於蘋果手機能夠提供更好、更優質的產品及服務。老師也是這樣，由於時間和精力的限制，每天最多只能上 12 個小時的課，這已經是極限了。你如果想通過講課這種方式獲得更多的收入，要做的不是每天講更多時間的課，而是要提高每節課的收入。別人講一節課拿 100 元，你要是能拿到 200 元，就比他們的收入多一倍。而要達到這個目的，你就需要提高所提供的服務的質量，也就是要提高每節課的質量。

很多方法可以提高服務的質量。老師想要提高課程的質量，可以通過增加和提高自身的知識儲備及授課能力的方式，也可以通過調查學生需求的方式，以改變自己的教學方式，讓學生能夠將學到的知識迅速應用到生活中去。這樣的老師肯定比普通講授型老師賺更多錢。

很多公司能夠在市場上站穩腳跟，也是因為自己對所提供的產品及服務的質量追求。「工匠精神」以及「酒香不怕巷子深」的道理，便是對努力追求服務質量的最好詮釋。服

務質量的提升能讓你比別人賺更多的錢：產出率提升一倍，你可以比別人多賺一倍的錢，但服務質量提升一倍，你的收益可能是別人的幾倍甚至是幾十倍。

你能賺到多少錢，取決於你處在哪個層次

除了產品和服務的質量，另一個影響賺錢的重要因素是可替代性。在展開討論之前，我們先看一個例子。很多人會說，我辛辛苦苦工作，每天除了正常上班還要加班 6 個小時，同時為了提高自己的競爭力，我在週末還參加了能力提升班。相比之下，老闆每天 10 點才來公司，下午 4 點就走了，老闆的工作似乎就是開會、簽字、打高爾夫球。他的努力程度不如我，他的英語水平也不如我，按理說，老闆的產出率和所能提供的服務質量都不高，憑什麼他拿到的工資是我的 10 倍甚至是上百倍、上千倍呢？答案是可替代性不同。普通員工甚至職業經理人是可以被替代的，但老闆不能被其他人替代，這便是他的價值所在。對於一個公司來說，普通員工或者職業經理人的流動，並不會影響公司以後的發展，但老闆的變動卻能從根本上影響公司的未來；因此，老闆是不可替代的，他能拿到更多的工資也是理所當然的。

我們再回到小作坊的例子，20 世紀前半葉，由於機器大生產的普遍化，大量小作坊倒閉，小手工業者退出勞動力市場。但是在 21 世紀，意大利某些皮鞋店裏的一雙皮鞋可以賣到幾十萬美元。這些手工業者不僅沒有被機器趕出市場，反而賺的錢更多了，原因是什麼呢？他們很可能幾個月

才做好一雙鞋，產出率看起來並不高。鞋是用來穿的，它上面附加再多的服務與質量，也不會賣到它實際價值幾萬倍的價格。它之所以能賣到比普通皮鞋高出上千倍甚至上萬倍的價格，就在於它的不可替代性。全球獨此一家，在其他地方你絕對買不到一模一樣的東西，這就是它的價值所在。

傳統行業中，很多壟斷企業能夠獲得高額的利潤，也是由於它的不可替代性。很多石油公司，比如曾經的美孚石油公司（Mobil）提供的產品和服務並不好，很多人甚至對它的服務表示過不滿，但由於這類公司有天然的壟斷性，其他公司未能跟它們形成競爭；所以，雖然它們的服務質量不好，甚至產出率並不高，但它們卻能賺到高額利潤，這便是不可替代性為它們帶來的好處。

我們回過頭來看，從提高產出率到提高服務質量，再到擁有不可替代性，正是個人或者企業想要賺錢的必經之路。你能賺到多少錢，就取決於你處在哪個層次。如果你只能提供與其他人差不多的服務，想要賺錢，你就只能通過不斷提高產出率來達到；如果你提供的服務質量比別人的好，在同等的條件下，你就能賺更多的錢；如果你想有本質性的突破，你就要將自己變成不可替代的。

對於很多創業者來說，創業是一個不斷提高自己能力與層次的過程。在很多創業者眼裏，這個世界是一個非常精彩的世界，有層出不窮的好服務和好產品。你如果想要創業，

可以參考以下 3 個層次。你先要找到一種方法提高現有市場中某種產品的產出率，如果你能用更少的成本、更快的速度產出相同的產品，你就可以在市場上站穩腳跟，這屬第一個層次；第二個層次是，你能不能針對某種產品，為公眾提供更優質的服務；第三個層次是，如果你能找到某種方式，為公眾提供不可替代的產品與服務，那麼，你的公司就會成為行業的翹楚。

不過，不可替代性並不是一成不變的。互聯網的興起對一些傳統壟斷行業產生了衝擊。比如，電信、金融企業具有傳統的不可替代性，卻被互聯網公司替代。再比如，很多優質教育課程在傳統環境下具有不可替代性，一門課程可以賣到幾千元，而萬門大學作為一個互聯網創業公司，將一些傳統的不可替代的優質課程轉變成了免費的。因此，你即使將自己或自己的公司變成不可替代的，也不能就安心地收取高額利潤了，而是要緊跟市場的動態。

當然，有人會問萬門大學能不能賺到錢，答案是現在還沒有賺錢，但以後會賺錢。互聯網教育的發展及用戶數量的增加可以讓萬門大學擁有新的不可替代性，但這需要一定的時間。

由此可見，能夠賺到錢的人是那些在產出率、服務質量以及不可替代性方面優於其他人的人。

假如要制止鄰居放音樂，你會怎麼辦？

法律和經濟是社會科學裏很重要也很複雜的兩個學科，那麼，完善的法律制度是怎麼維護甚至促進經濟的順暢運行的呢？在考慮這個問題之前，我們先來看一個身邊的例子。現在，假設你的一個鄰居不管白天還是夜晚都播放音樂，不管這個音樂是多麼美妙，晚上 11 點的時候，你肯定希望有一個安靜的環境能睡個好覺，這時候，你該怎麼辦呢？顯然是要制止對方，不管你是主動上門去說，還是打電話找警察跟他說，你的目的都是讓他停止播放音樂。

不過，如果播放音樂對於他來說是一個有利可圖的事情，整件事情就比較複雜了。對方如果是一個音樂家，需要不斷聽音樂來獲取靈感；他可能從事某種工作，需要晚上播放音樂才能夠獲得高額的收入。不管如何，情況很可能會演變成：你去敲門的時候，他拒絕關閉音樂；你打電話找警察後，警察到他家時，他關閉音樂，警察走後，他又打開音樂。更進一步，你起訴了他，他被行政拘留了幾天。但回家後，由於播放音樂對他來說太重要了，他很可能會選擇繼續播放音樂。整件事情似乎成了一個死結，那麼我們有沒有辦法解決呢？科斯（Coase）給了我們一個方法：通過法律手段，明確產權。

明確了產權，社會就會走向最優狀態

　　明確產權的意思是，明確規定住戶是否擁有在晚上獲得安靜的權利。如果規定住戶擁有獲得安靜環境的權利，那麼住戶就擁有「安靜」的產權，這意味着鄰居不能在晚上播放音樂；如果規定住戶不擁有安靜的權利，那麼他就應該忍受由別人導致的嘈雜聲。看起來，產權確定的方式不同會讓社會走向不同的狀態，但科斯告訴我們：只要明確了產權，社會就會走向相同的最優狀態。在對這個問題進行解釋之前，我們來假定每個人的「效用」，也就是每件事情對消費者來說的一個量。假設對於播放音樂的那個人來說，播放音樂給他帶來的效用是 1,000 元，這可以是他享受音樂所願意花的錢，也可以是他通過播放音樂賺到的錢。而想要安靜環境的人也有一個效用，這是他獲得安靜的環境願意付出的成本。比如，他願意花 800 元，讓對方不要播放音樂；或者接收對方的 800 元，他就願意放棄安靜睡覺的權利。這樣，安靜的夜晚對於這個人的效用就是 800 元。有人可能會說，安靜的環境是無價的。其實不然，如果有人過來告訴你：「我以後每天晚上要播放音樂，為了補償你，我每個月願意給你 10元。」你可能覺得對方是在開玩笑；但如果對方逐漸加價，比如每個月給你 10,000 元，你是否願意收下錢，讓對方播放音樂呢？如果你覺得 10,000 元還是不夠，那麼，對方願意出 10 萬元呢？甚至 100 萬元呢？總有一個數額是可以補償你的，這個數額就是你獲得安靜環境的效用，我們這裏假定是 800 元。

現在，播放音樂對於播放者來說有 1,000 元的效用，而安靜的環境對於另一個住戶只有 800 元的效用。對於整個社會來說，播放音樂的效用大於不播放音樂的效用；因此應該播放音樂，這樣社會的總效用最高。但是安靜的環境如果對於另一住戶有 1,200 元的效用，那麼對整個社會來說，就應該保持安靜，這樣才是最好的社會狀態。在科斯看來，對整個社會最重要的不是對是否播放音樂做出規定，而是應該對產權進行明確，然後讓住戶自己去確定最終的狀態。不管最終的狀態是什麼樣的，都是最優的。這可以解決這些年來在網上爭論不休的廣場舞問題。不同的小區住戶，每個人有不同的效用。有的小區，大多數人可能希望安靜；有的小區，大多數人可能希望播放音樂並跳廣場舞。所以，政府沒必要從法律層面規定每個小區都要安靜，或者每個小區都要吵鬧，而應該確定住戶到底應該享有安靜的權利，還是應該享有隨意播放音樂的權利，也就是明確產權。

廣場舞問題為什麼遲遲得不到解決？

我們來看看為什麼明確產權後，整個社會將會自動達到最優狀態。為了容易理解，我們還以剛才那個例子來進行說明。如果住戶享有安靜的權利，同時，播放音樂對播放者來說有 1,000 元的效用，安靜的環境對住戶有 800 元的效用，那麼，播放者可以拿出 800-1,000 元中的任意數目給想要安靜環境的住戶，比如 900 元。這樣，播放者可以得到 1,000 元 -900 元 =100 元的效用。而另一個住戶雖然忍受嘈雜的

聲音，但得到了 900 元，這高過自己 800 元的效用。因此，這個小區可以播放音樂，並且達到了最優狀態。如果安靜環境對住戶的效用有 1,200 元之高，並且明確了住戶享有安靜的權利，而播放音樂的人最多只能獲得 1,000 元的效用，他就不會拿出高於 1,200 元的錢來換取播放音樂的權利。那麼，這個小區就享有安靜的環境，也達到了最優狀態：因為安靜的總體效用為 1,200 元，高於嘈雜的環境總體效用的 1,000 元。

如果規定播放音樂的人有權利隨時播放音樂，事情會有所不同嗎？我們還假定播放音樂給播放者帶來的效用是 1,000 元，這時候他有隨意播放音樂的權利，如果另一個住戶享受安靜的效用是 1,200 元，這個小區的最優狀態應該是安靜。因為產權在播放音樂的人那裏，想獲得安靜的住戶就要付出多少錢來購買。住戶由於有較高的享受安靜環境的效用，他可以拿出 1,100 元給播放者，這樣播放音樂的人不需要播放音樂就有了超過播放音樂的效用，而他自己不需要拿出 1,200 元就能享受到安靜的環境，兩者通過協議達成一致，這個小區最終達到了最優狀態——安靜。如果住戶享受安靜的效用是 800 元，他不願意付出高於 800 元的成本來獲取安靜的權利，那麼，播放音樂的人就能享受自己的權利，從而獲得 1,000 元的效用，這個小區也會達到最優狀態——播放音樂。

這就是科斯定理的內涵：只要確定了產權的歸屬，市場

就會通過自身的行為來達到最優狀態，而不管這個產權到底歸誰。廣場舞的問題遲遲得不到有效解決，就在於產權的不明確。跳舞的一方宣稱自己有在公共場所健身的權利，而附近小區的住戶宣稱自己有享有安靜環境的權利。正是雙方的產權沒有得到明確的規定，問題才沒有辦法有效解決。只要明確產權，也就是明確規定跳舞的人有權利跳舞，或住戶有權利獲得安靜，那麼雙方通過有效的溝通，就能讓問題得以解決。如果明確規定跳舞的人有權利跳舞，這時，周圍住戶對安靜的需求不大，事情就比較容易解決，那就是住戶選擇忍受。如果周圍住戶對安靜環境的需求很強烈，那麼，他們可以通過市場交易的方式，為跳舞的人租一個封閉的環境，或者出錢為跳舞的每一個人配一個耳機。如果明確規定住戶有享有安靜環境的權利，這時，如果跳舞的人沒有那麼高的跳舞需求，那麼，他們可以選擇不跳舞或者換其他的地方跳舞；如果跳舞的人有很強烈的在原來地方跳舞的意願，那麼，他們可以通過交易的方式，用錢作為住戶的補償，來換取跳舞的權利。

由此我們可以看出，通過法律的方式明確產權，市場便可以通過自己的手段，讓整個社會達到最優狀態。這個辦法被越來越多地運用在國際經濟中。比如，碳交易市場的興起，就源自對二氧化碳排放權的交易。有的國家不需要發展工業，因此對排放二氧化碳沒有那麼大的需求，但另一些國家有很高的排放二氧化碳的需求。考慮到溫室效應越來越嚴

重，大氣層能夠接受的二氧化碳的排放量是有上限的。明確好上限之後，二氧化碳的排放量按照一定的標準被分配給不同的國家。之後，排放需求大的國家就可以在碳交易市場上出錢買需求少的國家的排放額度。

西班牙的「資源詛咒」

明確產權後，市場能通過自身的手段達到最優狀態之外，還能增加對契約的保護，激勵人們奮鬥及創新。比如陳志武教授在《金融的邏輯》一書裏舉了西班牙「資源詛咒」的例子。歐洲列強爭霸時，英國為什麼能夠打敗西班牙的皇家海軍？西班牙當時佔領南美以後，將大量的白銀輸入國內，這是一種資源紅利。西班牙可以利用白銀去購買歐洲其他國家各種各樣的服務，但是為什麼還競爭不過英國？原因就在於，英國那個時候雖然非常窮，但建立了良好的有法律保護的財產權制度，這使得公司的權益、公民的財產能夠得到很好的保護。這是一種激勵，這種激勵促使人們去創造更多的財富。正是基於對產權的保護，英國的股市能夠募集到大量資金，同時，英國對外國人的權利也給予有效的保護，這讓英國公司能夠募集到外國資本。這也使得英國可以集結更多的力量去打敗沒有產權、沒有契約保護制度的西班牙。

美國非常注重知識產權的保護，其在建國初期就制定了專利制度，專利制度為美國的創新提供了重要的原動力。而美國經濟發展的奇跡也被認為是由「創造的力量」所推動的。

由這些例子我們可以看出，法律對於經濟的重要推動作用。

瑞典的公平和中國香港的效率，我們應選哪個？

優秀的範本很多，瑞典和中國香港在全世界範圍內都是模範地區，它們的人均 GDP 都達到 4 萬美元以上。兩個社會體系截然不同，一個注重公平，一個注重效率，但這兩個社會都為世界提供了大量的商品和服務。瑞典有宜家、沃爾沃（Volvo），香港作為東亞金融中心，提供了高效的資本對接業務，為世界提供了大量的優質商品和服務。然而它們的分配體系是如此的迥異，以至於兩個社會有着截然不同的群眾心態。瑞典高稅收，注重公平，貧富差距被人為調控，社群人事關係和緩；而中國香港低稅收，注重效率，「旱澇保收」的崗位極少，是多勞多得的體系，社會壓力巨大。二者由於稅收制度的不同，產生了截然不同的社會圖景。我們很難說哪一種社會才是好的社會。其實，公平和效率只是不同的選擇，沒有對錯。正如中國和法國都是烹飪大國，卻很難說清到底是中國八大菜系好還是法國大餐好，畢竟蘿蔔青菜各有所愛。

在一個國家內部，不同的政黨或者不同的政治觀念對效率及公平有不同的追求。比如，在美國，共和黨和民主黨就對效率和公平有不同的偏好。民主黨注重對公平的追求，強調每個人都應該享有社會財富的獲得權，因此當民主黨上台時，政策就偏向於增加稅收，加大對貧困人群的補助。共和黨注重對效率的考慮，強調每個人應該通過自己的奮鬥獲得

財富，因此當共和黨上台時，政策就偏向減稅；因為共和黨的基本邏輯是通過刺激每個人的奮鬥精神，讓整個社會的財富總量增加。經濟學產生的幾百年，幾乎每個國家的政策都經歷了在公平和效率之間的擺動，這也從一個側面說明，對於公平和效率的取捨沒有明確的答案。

理性人假設：每個人都會做出最有利的選擇

亞當·斯密的《國富論》（*The Wealth of Nations*）一書的出版標誌着現代經濟學的誕生。在這本書裏，他不止一次地說道：「市場是一隻看不見的手。」這句話的意思是，如果政府完全不干預市場，那麼市場就能通過自身的力量達到效用的最大化。

比如，你有一個蘋果，你可以選擇吃掉它，也可以選擇把它賣出去。如果你現在特別餓，吃掉它給你帶來的效用可能是拯救你的性命，那麼你會選擇吃掉它；但如果你剛剛吃飽，並且除了這個蘋果，你還有很多蘋果，那麼賣掉它會得到比吃掉它更多的效用。這就是說，你不需要政府干預便能夠做出明確的選擇，並且這個選擇對你來說是最好的，這便是理性人假設：每個人都會做出對自己最有利的選擇。因此，如果政府不對市場進行干預，由於每個人都是理性人，都可以選擇自己的行為，那麼每個人選擇對自己最有利的選項，最終的結果就是社會效率的最大化，同時也是最優的社會結果。在社會達到最優的同時，由於每個人的選擇都是自己理性的選擇，這意味着每個人也會達到最優狀態。從這個

邏輯出發，只要政府不干預，每個人都選擇自己利益最大化的行為，那麼整個社會便會達到最優。這可以說是對效率追求的極致狀態：每個人都不用管社會的公平問題，政府也儘量不去參與，通過交易的方式，在達到社會效率最大化的基礎上，解決公平問題。

如果上面的例子讓你理解起來有些困難的話，我們再來看一個例子。還以本書前面種地的例子來說，如果那兩個人每人有兩塊地，第一個人將一塊地用來種糧食，一年能收穫100元的糧食，另一塊地用來種蔬菜，每年能收穫80元的蔬菜；第二個人將第一塊地用來種糧食，每年能收穫40元的糧食，另一塊地用來種蔬菜，每年能收穫50元的蔬菜。假定每人每年需要消耗50元的糧食、50元的蔬菜，第一個人有50元的糧食剩餘、30元的蔬菜剩餘，第二個人有10元的糧食短缺；那麼，政府是否應該對個人進行干預，將10元的糧食從第一個人轉移到第二個人呢？從公平的角度來說，似乎是這樣，因為每個人都有生存下去的權利。但亞當・斯密告訴了我們另一個解決辦法，那就是充分發揮市場的作用。第二個人應該將全部的土地用來種蔬菜，這樣，他每年能有100元的蔬菜收入，然後用50元的蔬菜去換取50元的糧食，這樣，他就能維持生存。而第一個人應該選擇全部種糧食，這樣，他有200元的糧食收入。在這些收入中，他可以拿出50元來換取蔬菜，並結餘100元，這比最初的80元結餘要多。在政府不干預的情況下，雖然第二個人在各方面都要弱於第一個人，但他同樣可以從市場中獲益。在

整體社會效率增加的同時，公平問題也得到了解決，這便是通過提高效率來解決公平問題的方法。其根本邏輯就是，效率的提升會增加整個社會的總財富，這會讓每個人都比以前更加富有，從而解決公平問題。

　　在亞當‧斯密看來，政府只需要充當「守夜人」的角色，也就是只需要提供最基本的、市場沒有辦法提供的服務就行，比如國防、社會安全等。把國防作為一種特殊的商品來看，它有自己的特點。每個人都需要國防體系，只要它被建立起來，每個人都能享受到它帶來的收益，並且沒有辦法將沒有付國防費用的人排除出去。這樣，每個人都希望其他人付國防費用，而自己不付這一費用，這就是「搭便車」問題產生的原因。如果國防也交給市場來負擔，那麼，最終的結果就是沒有人願意付國防費用，國防體系會崩潰。因此，像國防這樣的產品應該由政府提供，亞當‧斯密認為，政府只應該提供這樣的產品，除了這類產品，政府都不應該管，而是應該交給市場來調節。

為什麼會出現「經濟危機」

　　正是在前述思想的指導下，早期資本主義國家不斷追求效率的最大化，政府的作用不斷減弱。到了 20 世紀最初的幾年，資本主義國家的社會矛盾不斷積累，「經濟危機」頻繁爆發，它們都開始考慮公平問題。我們再以剛才的例子來分析一下，在只有兩個人的社會裏，經濟危機是怎麼產生的。如果第一個人知道第二個人每年有 10 元糧食的短缺，

但他拒絕合作，會產生什麼問題呢？第一個人還是按自己的打算生產了 100 元的糧食、80 元的蔬菜；第二個人在市場應該發生作用的條件下，生產了 100 元蔬菜。當第二個人將蔬菜拿到市場上時，第一個人雖然手裏有 50 元糧食的剩餘，但他拒絕以 50 元的糧食交換 50 元的蔬菜，這時，問題就產生了。第二個人為了維持生存，必須降低蔬菜的價格，比如用 50 元的蔬菜換取 40 元的糧食，這時，第二個人的短缺仍然存在，第一個人可以以借貸的形式，將 10 元的糧食借給第二個人。由於第一個人獲得了市場的定價權，第二個人只能不斷從第一個人那裏借糧食，這樣，時間一長，當第二個人沒有辦法繼續承擔債務的時候，只能選擇將土地賣給第一個人，土地兼併便開始了。當第二個人完全沒有資產時，他只能通過打工的形式為第一個人服務。而第一個人可以教給第二個人種植方法，在保證產量的情況下，將工作完全交給第二個人。同時，為了維持第二個人的生存，他每年給第二個人 50 元糧食、50 元蔬菜。這樣，借助第一個人的技術，四塊土地集中在第一個人手裏，第二個人付出勞動，每年可以產出 200 元的糧食、160 元的蔬菜，扣除掉兩個人每年的消耗，餘下的 100 元糧食、60 元蔬菜便成為第一個人的全部所得。

這就是 20 世紀初期資本主義社會發生的事情。在完全追求效率的市場原則主導下，資本家集中了越來越多的收入，而工人只能通過勞動得到維持基本溫飽的收入。工人的收入如此之低，以至於他們根本沒有能力購買除基本生活物

品之外的其他產品，資本家生產的產品沒有辦法賣出去，經濟危機就出現了。經濟危機發生時，一方面資本家有大量的產品賣不出去，只能銷毀；另一方面工人希望購買產品，但沒有收入。

　　隨着經濟危機出現的頻率越來越高、危害越來越大，特別是「經濟大蕭條」的出現，凱恩斯主義（Keynesianism）順應時代潮流而興起。凱恩斯主義認為，政府不應該只是作為「守夜人」出現，而是應該積極參與到市場的調節中去。在剛才的例子中，政府在其中可以阻止第一個人隨意調整價格，也可以阻止土地兼併，甚至可以通過直接救濟的方式，從第一個人那裏收取稅收，補貼給第二個人。因為第二個人在能夠維持自己需求的同時，如果還有一部分收入用來消費的話，那麼這個人就可以通過購買第三個人的產品來帶動市場的繁榮。即使第二個人沒有額外收入用於消費，他也可以在保證溫飽的基礎上，將更多的時間用於鑽研種植技術，從而獲得更多的收入，這會帶來整個社會福利的增加。

　　對公平的追求還源自一個理念：每個人的先天條件不同，他可能沒有辦法獲得與其他人相同的收入。比如例子中的第二個人，他可能身體有殘疾，或者他擁有的兩塊土地比較貧瘠，產量沒有辦法維持自己的生存。這時，僅僅通過市場的方式來調節，第二個人可能永遠沒有辦法獲得正常的生活，這時就需要國家和社會進行救濟，這就是公平在社會中應該發揮的作用。

一部手機賣多少錢由誰決定？

談到現在，我們還沒有涉及價格的問題，所舉例子為了簡單，都選擇直接使用產值來確定收入。生活中，不管購買什麼產品，價格永遠是我們考慮是否購買的最重要的因素之一，那麼價格到底是怎麼產生的呢？

我們先來看完全競爭市場的情況，也就是交易的買方和賣方都沒有權，讓對方接受自己的價格。如果一方表現出強烈的意願，那麼另一方完全可以在市場環境下自由選擇其他的相同產品。比如，每個人都想要吃小麥，種植小麥的農民也不計其數。這時，如果你想到田間地頭購買 100 斤小麥，你可以和每個農民進行議價，如果價格不合意，你可以選擇到下一個農民那裏。而對於農民來說，面對的是數不清的買家，如果你的出價低於他的心理價位，他可以選擇不賣給你，而轉身賣給其他人，這便是接近完全競爭市場的情況，所有信息都透明，同時所有人的議價能力都相同。

另一個極端的市場環境是壟斷。消費者完全沒有議價的空間，賣方説多少錢，買方就要支付多少錢。當然，壟斷也可以發生在買方這一端，如果市場上有大量的供應商，只有一個買家，那麼這個買家就能隨意出價。現實生活中，完全競爭市場和完全壟斷市場都是不存在的，雖然每個農民都能提供小麥，但小麥與小麥之間也有質量的差異。雖然石油、電力等企業屬壟斷的性質，但考慮到整個社會的安定，壟斷方也不可能隨意按照自己的意願來定價。

在完全競爭市場中，價格如何產生？

我們先來看完全競爭市場中，價格是怎麼產生的。當然，你可以選擇一對一地去談判，每買一個東西就去和賣方進行議價。但是，現實中，大量的產品價格是給定的，那麼這個價格是怎麼確定下來的呢？答案是由供給和需求來進行確定的。

我們先來看需求，面對同一個產品，每個人願意出的錢是不一樣的。比如同樣的一部智能手機，有的人願意出 7,000 元，有的人願意出 5,000 元，但有的人只願意出 1,000 元。不管具體的每個人想要出多少錢買這部手機，有一個結論是肯定的，那就是價格越高，願意購買的人越少，價格越低，願意購買的人越多，這樣我們就能畫出一個需求曲線，如圖 1.1 所示。

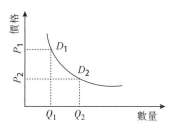

圖 1.1　需求曲線

圖 1.1 中，縱軸代表商品的價格，橫軸代表在給定價格的情況下，消費者願意購買的數量。我們發現，隨着價格從 P_1 下降到 P_2，會有更多的人願意購買，這樣能夠購買的數

量就從 Q₁ 增加到 Q₂。舉一個簡單的例子，如果某個品牌的智能手機將價格定在 8,000 元（P₁ 表示的價格），那麼可能只有 1,000 人（Q₁ 表示的數量）願意購買這個品牌的手機；但如果手機製造商降低價格，比如降低為 4,000 元（P₂ 表示的價格），肯定會有更多的人願意購買這個牌子的手機，手機的需求量可能會增加到 2,000 台（Q₂ 表示的數量）。通過需求曲線，我們可以知道在給定的價格下會有多少需求。

除了需求外，另一個影響價格的因素是供給。先不考慮市場的需求，在給定的不同價格下，市場會有多少的供給呢？如果你是那個智能手機的製造商，在做了一番市場調查之後，你發現，現在市場上每台智能手機能夠賣到 8,000 元，那麼，你肯定希望能夠生產更多的手機來供應市場；因為這時候有利可圖。但如果過了一段時間，市場上手機的價格開始下降，比如下降到 4,000 元一台，那麼你生產手機的積極性肯定也會下降。所以，我們發現，隨着價格的上升，供應商願意提供給市場的產品數量會增加，這樣我們也可以得到一個曲線，這個曲線就是供給曲線，如圖 1.2 所示。

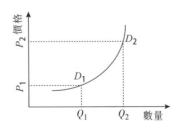

圖 1.2　供給曲線

供給曲線是指，隨着價格從 P_1 上升到 P_2：，越來越多的供給在市場上出現，供給會從 Q_1 增長到 Q_2。這就是剛才所説的，隨着價格的上升，市場上的製造商願意供應更多的產品。這樣，更多的供應商願意提供產品，比如當電視的價格不斷下降、手機的價格不斷上升時，就會有很多原來製造電視的製造商轉為製造手機。

現在有了需求曲線，也有了供給曲線，我們把它們放在一張圖裏，就能找到市場上的價格了，如圖 1.3 所示。

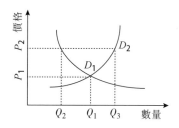

圖 1.3　供給需求曲線

當供給和需求的曲線放在一起的時候，它們相交的那個點就是市場上的「均衡點」，也就是最終確定的價格，即圖裏 P_1 表示的價格。在這個價格下，消費者願意購買的數量，與供應商願意提供的產品數量相同。這意味着在 P_1 的價格下，供應和需求相等，都為 Q_1。如果價格不是 P_1，會發生什麼情況呢？比如現在的價格比均衡價格 P_1 高，是 P_2 的價格，那麼，由於價格過高，供應商願意提供的產品數量比價格在 P_1 的時候多（比如現在的供給為 Q_3）。但是，同樣因

為價格過高，消費者的需求就比較低（比如現在的需求為 Q_2），那麼，市場上就會出現供大於求的情況。當供應商發現，現在市場上的產品過多，消費者的需求不旺盛時，就只有一個選擇：降低價格。當價格逐漸下降時，供應商會減少產品數量，而與此同時，會有更多的消費者希望購買產品。因此，供大於求時，價格會逐漸下降，造成供給減少、需求增加，最終會在「均衡點」達到均衡，價格會回歸到 P_1。如果價格定得太低，就會有大量的消費者想要購買產品，但供應商不願意供給那麼多的產品。市場上會出現供不應求的現象，此時，供應商就有意願提高價格。隨着價格逐漸上升，供給會慢慢變大、需求會逐漸減少，最終，價格還是會回到 P_1 這個「均衡點」，這便是價格確定的過程。由此可見，只要市場上的信息充分公開，市場就會自動將價格調節到一個恰當的位置。

在完全壟斷市場中，價格如何產生？

現在市場上只有一家石油公司，每個人都想開車，這樣，消費者只能從這家石油公司購買汽油。那麼，石油公司怎麼定價呢？你的第一反應可能是，它肯定希望價格定得越高越好。但是，如果它把價格定得過高，比如 1,000 元 / 升汽油，那消費者可能會選擇不開車，石油公司反而賺不到錢。如果它把價格定得太低，比如 1 元 / 升汽油，雖然銷量會增加，但由於價格太低，石油公司也賺不到太多的利潤。那麼，它是否需要參考供給需求曲線呢？答案是肯定的，但

是由於市場上只有一個賣家，它便不需要考慮供給曲線了。因為在任何價格下，它可以選擇提供任意多的產品。它不用擔心隨着價格的上升，更多的廠商進入市場來提供產品，也不用擔心價格下降後，其他廠商會流出。這樣，一個壟斷廠商所需要考慮的僅僅是需求曲線，畢竟它沒有辦法確定市場上有多少人想要購買它的產品。

對於壟斷廠商來說，如果不考慮成本，在每個給定的價格下，都會有一個需求。這個廠商應該考慮的是如何在需求曲線的約束下，讓自己的收入最大化，也就是如何讓價格乘以數量的結果最大化。用形象一點兒的圖表示是圖 1.4，就是在需求曲線下面畫一個矩形，使這個矩形的面積最大化。因為這個矩形的面積是給定價格下的數量與價格的乘積，這個面積就是壟斷廠商得到的收入。我們總結一下壟斷狀態下價格的產生：由於壟斷狀態下，消費者沒有任何的議價能力，廠商不需要關心是否有其他廠商進來增加供給；因此，它可以不用關心供給曲線的變化，只要在需求曲線的約束下，找到讓自己利潤最大化的價格就行。

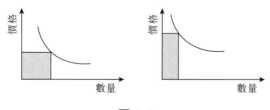

圖 1.4

　　壟斷帶來的一個大問題，就是消費者沒有議價權，因此壟斷廠商會根據自己的需要確定比競爭狀態下要高的價格，這會造成消費者承受的負擔過重。比如在 19 世紀中後期，美孚石油公司就在美國市場形成了壟斷，洛克菲勒家族從美孚石油公司攫取了高額的利潤。美孚石油公司的壟斷所造成的後果是：在消費者不得不忍受高額價格的同時，市場也缺乏活力，而其他公司也沒有辦法進入石油供應商的行列，這對市場造成了嚴重的破壞。在這一背景下，美國訂定了《反壟斷法》（*Auti-monopoly Law*），將美孚石油公司進行拆分，形成兩家石油公司。這兩家石油公司之後就產生了競爭關係，消費者不用再忍受石油公司的盤剝，石油市場也得到了良好的發展。

　　不過，有些行業具有天然的壟斷傾向，或者僅僅適合壟斷公司生存。比如電力行業，前期需要購買電纜、架設高壓線，這需要大量的資金投入。由於前期所需要的成本巨大，當一家公司已經建好基礎設施之後，其他公司很難有動力提供第二套相同的設備來與之競爭。因此，消費者也很難隨意更改電力供應商。正是由於這個原因，絕大多數國家都選擇將電力行業作為壟斷行業。為了避免電力公司隨意提高價格，也為了保證普通消費者的權益，各國普遍採用統一制定電價的方式。

「靠勞動賺錢」與「靠錢生錢」

中國古代將社會上的人分為「士農工商」四個層級，商人位於最底層。商人雖然能賺很多錢，但是社會地位卻沒有農民的高，這和當時的價值觀念有關。長久以來，我們認為種地可以帶來實打實的收入，這才是「正道」，而商人在很長的一段時間裏被冠以「二道販子」、「倒爺」等稱呼，聽起來不那麼悅耳，也常常讓人產生誤會，認為這些人是社會的「寄生蟲」。商人也有分類，有小商小販，也有大資本家。如果小商小販還能得到大家的寬容理解的話，那麼那些坐擁大量資產，靠放貸為生的人就常常被人嗤之以鼻。舊社會的土豪劣紳就屬這一類。他們不參加勞動，似乎也創造不出什麼價值。

借出去100元，收多少利息才合適？

有的人可能覺得高利貸不對，但是對將錢放在銀行裏「吃」利息，又是可以接受的。那麼是不是利息高於一定的數額就是罪惡的，低於某個數額就是可以接受的呢？比如貸出去 100 元，一年收取 5% 的利息是可以接受的，但是如果收取 200% 的利息，就變成了高利貸，就是不可接受的？是不是有一個特別準確的數額來界定高利貸呢？其實，在伊斯蘭世界裏，任何利息都是不允許收取的，《古蘭經》（The Koran）規定禁止收取利息。如果想要判斷收取利息是否正確，我們需要考慮一下，通過自己擁有的資源，特別是金錢來獲取收益這件事情本身是否是正當的，也就是資本本身能否創造價值。

　　在將貨幣資本納入我們的考慮範疇之前，我們還以本課開始時兩個人種地的例子來分析，看看可能發生的另一種現象。假設第一個人在第一塊地種上糧食，收穫 100 元糧食，在第二塊地種上蔬菜，收穫 80 元蔬菜。第二個人一年在兩塊地上分別收穫 40 元糧食和 50 元蔬菜。這時，如果第一個人的能力足夠，可以種四塊地，而第二個人也發現自己根本不是種地的料。那麼，他們就能達成一個協議：第二個人將兩塊地都租給第一個人種，自己收取地租。協議規定：地租為 50 元糧食和 50 元蔬菜。第一個人在租了第二個人的地後，每年可以多收 100 元糧食和 80 元蔬菜，他可以將其中的 50 元糧食和 50 元蔬菜送給第二個人當作地租。這樣第一個人每年可以多結餘 50 元糧食、30 元蔬菜，而第二個人也通過出租的方式滿足了自己的基本需求，整個社會的福利就增加了。

　　在農業社會，由於城市裏的工業、商業不夠發達，第二個農民將土地租給第一個農民後，自己便只能依靠地租生活。這時，第一個農民如果知道第二個人不可能通過自己的勞動養活自己，那第一個人就有了定價權，在這種情況下，就出現了我們前面提到的土地兼併問題。但是，工業革命之後，大量的農民進城打工，不需要依靠家裏土地的收入，便可以在市場上對地租進行談判。這相當於第二個農民發現自己不適合種地，但適合其他的工作，比如釀酒、生產肥料等。這樣即使出現土地兼併問題，由於第二個農民可以從工商業中獲得收入，他和第一個農民便不是人身依附關係了。

在這個例子裏，我們發現，通過土地流轉的方式，可以讓兩個人的生活都變得更好，這便是資源獲益的一種方式，這顯然是正當的，並有它存在的合理性。

現在的100元和一年後的100元，你會選哪個？

金錢也是一種資源，通過它來獲得利潤也是正當的，並能增加整個社會的福利。

在展開論證之前，我們先要有一個觀念：金錢本身也是有價格的。如果你一下子沒有辦法接受這個觀念的話，那你可以先考慮下面的問題：你可以選擇現在拿到 100 元，也可以選擇一年之後拿到 100 元，你的選擇是什麼？我想大部分人都會選擇現在拿到 100 元。因為現在的 100 元，可以被存到銀行，也可以用於購買基金，等到一年後，我們便可能得到 104 元，甚至 110 元。即使我選擇以現金的形式拿着這 100 元，它也能給我帶來諸多便利：在需要的時候可以用來消費，還能避免一年後拿不到這 100 元的可能性。由此可見，現在的 100 元比未來的 100 元要更有價值，這便是金錢價格的一種形式，也就是金錢的時間價格。簡單來説，如果現在銀行的基本利率是 4%，那麼，100 元的年度時間價格應該是 4 元，也就是現在的 100 元與一年後的 104 元相等。

當金錢有了時間上的價格，借貸關係就順利產生了。如果第一個人手裏有 100 元，他今年不用消費這 100 元，但

確定明年需要將這 100 元消費出去。這時，第二個人發現第三個人種土地並不是很在行。他每年在兩塊土地上只能收穫 50 元糧食和 40 元蔬菜。第三個人意識到自己的缺陷後，打算以 100 元的價格將土地承包出去，他的條件是承租土地的人在今年就拿出現金給他。第二個人如果可以承包土地，一年後能得到 100 元糧食和 80 元蔬菜，那麼除去地租，他還能得到 80 元的利潤。但是第二個人面臨的一個難題是，自己現在沒有現金。這時，第二個人可以和第一個人約定，今年將這 100 元借來，作為地租支付給第三個人，等明年土地收穫後，支付 110 元給第一個人。這樣第二個人除去地租及利息，還能剩餘 70 元的利潤。通過這種借貸方式，整個社會達到了三贏的結果：第一個人的 100 元變成了第二年的 110 元；第二個人本來沒有錢承包土地，現在能夠承包土地並獲得利潤；第三個人通過將土地承包出去，滿足了自己的基本需求。從這個例子可以看出，第一個人通過資本來獲得收益，第三個人通過出租土地獲得收益，第二個人通過勞動獲得收益。如果沒有第一個人和第三個人，第二個人的勞動收益也不可能實現；而正是第一個人和第三個人願意將自己的資本、資源出租出去，才會促使整個社會福利的增加。

金錢除了具有時間上的價格外，在面臨不同的風險時，金錢有不同的價格。比如，將 100 元投資政府發行的債券或創業公司，大多數人所希望的回報率肯定是不一樣的。投資政府債券，由於不用擔心政府會垮台，這時所期待的回報率會低一些。但是投資創業公司，由於擔心創業公司隨時會倒

閉，絕大多數人所希望的回報率會高一些。簡單來說，風險越高，所期待的回報率就越高。

當金錢有了明確的價格之後，個人就可以通過計算成本和收益，來決定是否借錢或者是否將錢貸出去。面對不同的風險和不同的收益，你可以把錢貸給不同的公司，也可以選擇不同的形式進行融資。比如，你可以把錢放到銀行「吃」利息，也可以把錢投到證券市場上，在承擔高風險的同時期盼獲得高回報。你可以在有資金需求的時候從銀行借錢，也可以找到一個合夥人，以入股的方式獲得他的資金。從不同渠道、以不同方式借錢，或將錢投入不同領域、不同金融產品上，這個過程便是資本配置的過程，通過對資本進行配置能夠促進創新。比如投資創業公司的風險很高，為什麼還有天使投資人（Angel Investor）或者風險投資者為這些企業投資呢？答案是通過計算，這些投資人發現，投資這些風險較大的創業公司的回報率也較高。

月利率30%合理嗎？

我們可以通過簡單的計算來說明，為什麼投資創業公司會有較高的回報率。假定創業公司成功的可能性為 2%，也就是說每 50 家公司只有一家公司能夠創業成功。但是創業公司一旦成功，帶來的回報率為 100 倍。這樣，如果有一個投資人投了 50 家公司，對每家投資 100 元，他的總投資額為 5,000 元。假設只有一家公司能夠創業成功，這家成功的公司可以為他帶來 100 元乘以 100 倍的回報，也就是 1 萬

元。實際上，在天使投資人看來，他以 5,000 元的投資換來了 1 萬元的收益，他的投資回報率達到了 100%，這便是數學裏的「大數定律」。簡單來説，對於每一次賭博，輸的概率都很高，但只要有一次能贏，同時贏了之後的收益足夠高，那麼進行賭博依然是值得的。現實中，天使投資人和風險投資基金也正是通過這樣的方法來獲得回報的。從整個社會來看，毋庸置疑，投資方拿到了較高的回報，他的整體福利增加了。對於創業者來説，在傳統環境下，他只能通過自己不斷積累資金來創業，創業成本很大；但在有投資的情況下，他不用付出自己多年的原始積累便能有機會實現自己的創業夢想，即這對於他來説，是一個福利提升的過程。從整個社會來看，不斷試錯的過程也是社會生產率得以不斷提升的過程，而整個社會的福利水平也得到了極大提高。

我們現在所看到的很多互聯網公司便是通過風險投資的方式得以成長，並最終獲得成功的，比如百度、京東等。如果沒有風險投資者對這些公司進行投資，公司的老闆就需要通過自己的資本積累來創業，社會的試錯成本以及個人的創業成本就會變得很高。這樣，很少有公司願意冒險去做可能有利於社會發展的創業。

　　由此可見，通過資本獲得收益可以增加整個社會的福利，「坐吃利息」也不是一件「罪不可赦」的事情。那麼，高利貸呢？現實生活中曾經出現過「三分利」這樣的高利息，也就是月利率為 30%。大約 20 年前，中國某地由於商業氛圍濃厚，創業成功率很高，因此，越來越多的人想要創業。資本的利息不斷增高，最終達到了「三分利」的高點。雖然國家規定年利率超過基準利率 24% 的貸款就是高利貸，但由於資金奇缺，「三分利」的利息依然讓不少企業獲得了發展、擴張的機會，回報率也遠遠高於月利率 30%。在這種情況下，「三分利」的存在就有它的合理性。

第二課

企業如何推動經濟發展?

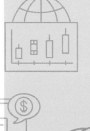

　　企業是市場發揮作用的重要主體，當今社會，個人已經很難作為主體參與市場了。大多數情況下，個人需要通過企業的力量才能在經濟活動中發揮作用，我們在這一章就來看看，企業是如何推動經濟發展的。

企業、公司知多少

現代社會中，人類的生活離不開企業。每天早上一睜眼，你就會與各種企業產品打交道。刷牙時，牙刷、牙膏都是由不同的企業生產的；吃早餐時，食物裏的醬油、鹽、麵粉、油等都是由不同的企業提供的。現在，企業的類型多種多樣，規模也有大有小，有國有企業，也有私營企業；有外資企業，也有民營企業……不過，從基本組織形式來看，企業有 3 種基本類型：獨資企業、合夥企業和公司。其中，公司制企業是現代企業的最主要和最典型的組織形式。

獨資企業與合夥企業

我們還是從最基本的來瞭解，先看獨資企業。如果一個人發現自己確實不適合種地，不管自己怎麼努力，都沒有辦法依靠土地養活自己，當他發現自己很會釀酒，那麼這時，他可能會決定專門從事釀酒工作。比如，他每年購買 100 元的糧食，釀成酒後獲得 200 元的收入，從而賺取 100 元的利潤。這 100 元的利潤，他可以用來購買生活必需品，從而能夠生存下去。隨着喝酒的人越來越多或者他釀酒技術的熟練，他發現自己可以通過同樣的勞動投入來獲得更多的利潤。比如，他發現成本降低了，可以通過 50 元的糧食投入，獲得 200 元的收入。隨着他的手藝越來越好，通過 100 元糧食釀造的酒，他甚至可以獲得 400 元的收入。如果一個人從事釀酒工作的利潤達到了 300 元，而與此同時，一個熟練的農民在土地上勞作一年最多能夠獲得的收入是 200 元。那

麼，這個人很可能會把自己的家人也拉人釀酒作坊。

本來在小作坊裏，他一個人工作，一年能有 300 元的利潤。在將自己的老婆、孩子都拉到作坊來之後，他發現，三個人可以在作坊裏一年獲得 900 元的利潤，這遠遠高於種地的收入。於是，一個大膽的想法出現了：僱人來幹活。農民在土地上勞作一年能得到 200 元收入，而一個農民在作坊裏幹活，能產生 300 元利潤。這樣，只要付給農民多於 200 元的工資，比如 210 元，那麼，農民在作坊工作一年就能比種地多拿到 10 元收入。對於作坊主來說，他僱一個工人能夠得到 300 元 –210 元 =90 元的利潤。這樣，雙方達到了共贏的狀態，企業便出現了。由於現在只有一個老闆，所以，這個企業就是「獨資企業」。

獨資企業是最早出現的企業類型，這種企業的最大優點就是·老闆一個人說了算，企業的所有權、控制權、經營權、收益權等權益高度統一。但這種企業有一個很大的缺點，那就是難以籌措資金，並且企業主需要對企業的債務負有無限連帶責任。要理解這個問題，我們還回到釀酒作坊的例子。作坊主發現，現在市場上對酒的需求可以說是無限的，能生產出多少就能賣出去多少。而每多僱一個工人，每年就能多賺 90 元。因此，作坊主的願望就是：儘量多地僱工人。但是，他手頭上積累的錢是有限的，而每多僱一個工人就意味着需要多購買 100 元的糧食來進行生產。這時，他可以選擇用自己的積蓄或者向別人借錢來墊上這部分錢。

由於企業的經營權完全在企業主手裏，別人雖然借錢給企業主，但債權人是沒有辦法有效監督企業主的經營的。因此，獨資企業的企業主想要借錢就要對借款負無限連帶責任。也就是説，如果企業虧損，同時企業主將作坊賣出去也沒有辦法償還債務時，就需要變賣自己的其他資產來償付債務。

除了借錢，這個企業主還有別的方法嗎？答案是有的，那就是找一個或者幾個合夥人。企業主發現自己沒有足夠的錢，但如果能拉上別人一起幹，讓其他人將錢投到作坊裏來，賺了錢大家一起分、賠了錢大家共同承擔，資金問題就能有效解決，這樣，合夥企業就產生了。合夥企業的好處是原來的那個作坊主不用獨自承擔風險，但壞處是，企業不再是一個人説了算，有事的時候需要幾個合夥人共同商量。不過，如果合夥人決定借錢的話，幾個合夥人還是需要共同承擔債務的無限連帶責任的。

公司制企業，讓更多人參與經營活動

現在，釀酒作坊在幾個合夥人的共同努力下，規模越來越大。合夥人共同的財產沒有辦法滿足企業的擴張速度，他們想要從市場上獲得貸款或者借錢，但是又不想因為一次決策失誤就要承擔無限責任，那麼有什麼辦法嗎？答案是將合夥企業變為公司。現代公司的一個重要特徵是有限責任，也就是公司的每個股東都只承擔自己出資的那部分責任，超過出資部分的就不需要承擔連帶責任。簡單一點兒説，公司在成立的時候，每個股東出一部分錢作為公司的啟動資金，企

業以這些資金作為初始資本進行運行。公司可以去借錢，但是如果公司還不上，股東不需要砸鍋賣鐵承擔無限責任。這樣，股東向公司投入的錢和股東自己剩下的錢就劃分開了，股東不會因為公司的倒閉而傾家蕩產。

當然，在公司制企業的形式下，不再是老闆一個人說了算。經營者要將公司的營業收入、利潤等情況向股東定期彙報，也需要接受政府、社會的監督。公司制企業的好處是企業主或者股東不再需要承擔無限責任，這有利於市場的繁榮，也會促使越來越多的人參與經營活動。

公司制有兩種形式：有限責任公司和股份有限公司。有限責任公司的優點是設立程序比較簡單，不必發佈公告，也不必公佈帳目，尤其是公司的資產負債表一般不予公開，公司內部機構設置靈活。其缺點是由於不能公開發行股票，籌集資金範圍和規模一般都比較小，難以適應大規模生產經營活動的需要。因此，有限責任公司（有限公司）這種形式一般適合中小型非股份制公司。股份有限公司可以向社會公開發行股票籌資，股票可以依法轉讓；法律對公司的股東人數只有最低限制，無最高規定；股東以其所認購股份對公司承擔有限責任，公司以其全部資產對公司債務承擔責任；每一股份對應一個表決權，股東以其所認購持有的股份，享受權利，承擔義務。由於股份有限公司的先天優勢，其在現在經濟社會中佔據主導地位。

沒有王石的萬科，還是萬科嗎？

企業，特別是股份制公司形式的企業，它的目標是贏利。企業可以樹立自己的品牌形象，也可以做出決策。因此，現代企業，特別是現代公司擁有了「人」或者「個體屬性」。企業是一個抽象的人，它由一個創始人創辦。但在通常情況下，企業發展壯大之後，便不屬某一個自然人，甚至跟創始人沒有關係了。比如王石與萬科，脫離了萬科的王石還是王石嗎？沒有王石的萬科還是萬科嗎？答案都是肯定的。萬科已經有了自己的決策機制和利益目標，王石的離開正是這個決策機制在起作用。萬科和王石在經濟學的分析裏，是兩個獨立的「人」。

下面我們用釀酒作坊的例子來解釋這個過程。作坊主找到了合夥人之後，發現合夥人的錢也不足以支撐企業的發展，同時，作坊主發現即使能找到更多的合夥人，企業發展也會面臨瓶頸。比如，作坊主通過計算發現，如果能夠僱用 10 萬名工人，企業釀造的酒就不僅能夠供應國內市場，還能打入國際市場。而規模效應可以給企業帶來更多的利潤，也就是說企業規模越大，企業的利潤就越多。當企業的員工達到 10 萬人時，企業可以以更加優惠的價格收購糧食，企業的成本就會降低。而這麼多的工人，讓企業有衝動引入更有效的技術；由此，每個工人創造的利潤不再是 90 元，而可能是 200 元。這樣 10 萬名工人就能創造 2,000 萬元的利潤。要獲得這麼高額的利潤，企業需要有足夠多的資金來承

擔原料成本以及工人的工資等各項費用。雖然每個工人每年的工資只是幾百元，但僱用 10 萬名工人的費用是幾千萬元，這是合夥人達不到的。

面對這個難題，作坊主就可以選擇讓企業變成股份制公司，將公司的資產劃分為股份，然後賣給想要投資的股東。通過多達幾萬名甚至更多的股東的認購，公司可以獲得數千萬元甚至上億元的資金，利用這個資金就能夠擴大規模，進而獲得更多的利潤。不過，在公司上市、股份化的過程中，作坊主讓渡出去了一部分的所有權，這意味着，公司不再是他和合夥人所有，所有的股東都按照比例佔有了公司一部分所有權。因此，關於公司的所有經營事務，股東都有權利發表自己的意見。至此，公司的創始人和公司本身就分開了。公司成為法律意義上的「法人」。這個「法人」有自己的目標，能夠通過公司的資本為公司的行為負責，需要定期公佈財務報告，為投資人負責。

當公司有了作為獨立個體行動的能力，就不再依附於創始人了，創始人也不能隨意按照自己的意願行事。比如，創始人不能隨意更改公司的戰略，不能根據自己的意願決定公司的存亡。這就是喬布斯（Jobs）創立了蘋果公司（Apple Inc.），但能被公司解僱，王石也能夠被萬科辭退的原因。

正是由於公司的有限責任以及公司作為「法人」不斷尋求突破和創新的特點，幾百年來，公司在社會的發展中起到了重要作用。工業革命後，英國能夠迅速成為世界第一工業

強國，便是依賴公司不斷對外擴張達到的。而互聯網技術的發展也是在公司存在的前提下不斷進步的。

既然公司這麼好，現在社會上還有獨資企業和合夥人企業嗎？答案是有的。因為這兩個類型的企業有它獨有的優勢。比如，作為獨資企業不需要接受社會的監督，那個釀酒作坊的老闆如果認為自己家的釀造技術獨一無二，不希望別人得到自己的釀酒技術，那他可能會繼續採用獨資企業的方式，這樣就不需要接受社會的監督了。還有一種，比如會計師事務所、律師事務所採用的大多是合夥人的方式，因為這類企業的運行基礎是誠信。老闆為了讓客戶相信合夥人會提供誠信服務，便寧願承擔無限連帶責任。

想要獲得利潤，企業就要做大做強

企業存在的目的是贏利，只有獲得利潤，企業才能夠生存下去。而想要獲得利潤，企業就要努力做到讓收入大於成本。企業的經營成本分為兩種：固定成本和變動成本。固定成本指的是，不管生產多少產品，企業都需要支出的成本。而變動成本指的是隨着產量的變化而變化的成本，常常是在實際生產開始後才需要投入的成本。對於一個工廠來說，廠房、設備等是固定成本，不管是否生產產品，或者不管生產多少產品，這些固定成本都是必須要支出的。原材料、人工成本等屬變動成本，如果不生產產品，就不需要進原材料，也不需要僱用工人。但隨着產量不斷增加，原材料和人工成本也會同比例不斷增加。

為什麼網絡公司會免費讓用戶玩遊戲？

我們通過一個例子來計算一下，企業如果想生存下去，應該完成什麼樣的生產、銷售任務。一個釀酒廠為了良好的運行，每年需要投入 10 萬元在廠房維護上，需要投入 2 萬元用於維修、保養釀酒機器。現在，每瓶酒的市場售價為 20 元，而每釀造一瓶酒，需要投入 5 元的人工費用和 5 元的原材料費。廠房維護與機器維修、保養的費用是固定成本，不管工廠生產還是不生產酒，要想保證工廠能夠運行，這部分費用都需要支出。而人工費用和原材料費是變動成本，只有當酒廠需要生產酒的時候，才需要支出這部分成本。由於酒的售價為 20 元，每瓶酒的變動成本是 10 元，那麼，不考慮固定費用的時候，售出 1 瓶酒可以獲得 10 元的毛利潤。如果考慮固定費用，工廠要想不虧錢，就需要每年賣出 (10 萬元 +2 萬元)/10 元 =1.2 萬瓶酒。

換一種說法，如果工廠一年只生產 1 瓶酒，那麼這瓶酒的成本就是 12 萬元加 10 元，也就是平均到這瓶酒上的成本是 120,010 元。如果工廠一年生產 2.4 萬瓶酒，那麼，固定成本平均到每瓶酒上的成本是 12 萬元除以 2.4 萬瓶，為 5 元。每瓶酒的售價為 20 元，平均固定成本為 5 元，人工、原料成本為 10 元；於是，每賣出 1 瓶酒，工廠能夠獲得 5 元的利潤。由此可見，由於企業的固定成本是一定的，銷售量的增加意味着平均到每件產品上的成本會降低，從而，企業的利潤會不斷增加，這個效應叫作「規模效應」。

現代企業，特別是互聯網企業對「規模效應」的依賴性很高。比如，手機遊戲公司在創業初期需要投入房租、研發等各種費用，這些費用都是固定成本。當手機遊戲被開發出來之後，銷售成本以及為每個用戶提供服務的成本甚至接近於零。因此，很多互聯網企業只要熬過了投入階段，等真的能夠贏利時，就能獲得巨額回報了。

還回到剛才酒廠的例子，我們換一個角度，你現在是一個採購商，你知道酒廠的成本，並且你有很強的談判能力。廠長告訴你：「去年，我們賣出了 1.2 萬瓶酒，市場的售價為 20 元 / 瓶，考慮到成本，我們僅僅能做到收支平衡。所以，如果你的出價低於 20 元，我們就要面臨虧損。對於低於 20 元的出價，我們是不考慮的。」真的是這樣嗎？答案是否定的，其實只要你的出價高於 10 元，酒廠還是會選擇跟你交易的。因為對於酒廠來說，固定成本是必須要支出的。只要售價高於 10 元，酒廠就能獲得一部分毛利潤，這比真的關門要好。

生活中你可能會發現，有些飯店甚至是商店沒有多少顧客，但是這些飯店、商店還是開了很多年。原因就在於，只要飯店、商店的收入能夠比變動成本多，它們就應該開門，這樣起碼還能獲得一部分毛利潤。如果收入已經不能覆蓋變動成本，那時，老闆就真的應該考慮關門了。很多互聯網公司，特別是網絡遊戲公司願意讓用戶免費玩遊戲，就是因為互聯網的發展使得每增加一個用戶的變動成本幾乎為零，即

增加用戶並不會直接增加公司的成本。因此，在這種情況下，網絡公司免費讓用戶玩遊戲，依然是有利可圖的。

通過並購，企業能有效降低成本嗎？

規模效應可以降低企業的成本，那麼，還有沒有其他方法能有效降低成本呢？傳統商業環境下，一個常用的方法就是兼併上游企業。比如，糧食批發商知道酒廠很賺錢，那麼，批發商很可能會提出糧食漲價的要求。如果糧食批發商的談判能力很強，酒廠又找不到其他的糧食供應商，就不得不接受供應商漲價的要求，這樣成本就會增加。於是，酒廠有效降低成本的一個辦法就是將糧食供應商兼併，或者自己直接到農民手裏去收購糧食。這樣，本來是「農民 —— 糧食供應商 —— 酒廠」的鏈條就會直接變為「農民 —— 酒廠」的鏈條，隨着環節的減少，酒廠能夠省去談判成本，也能讓糧食價格穩定在一個較為合理的水平。

曾經，石油行業的兼併案例有很多。比如，石油開採是石油煉化的上游，而在「石油開採 —— 石油煉化 —— 化纖紡織」的產業鏈中，石油煉化處在中游，化纖紡織是下游。有些石油煉化企業為了能夠降低成本，便會向上游兼併石油開採企業。但是，這樣的兼併並不是無限增加的，現實中很多企業並不願意將上下游的企業都兼併，為什麼呢？因為隨着兼併的進行，企業會變得越來越大，而這會增加管理成本。比如，一個小作坊只需要老闆一個人來管理，而幾萬人的大企業可能就需要幾千名管理人員組成基層管理者、中層管理

人員、高層管理人員等不同管理層級，這會導致管理成本的指數型增長；因此，企業會在降低談判成本和增加管理成本之間找到一個平衡點。

為什麼蘋果公司會在全球範圍內尋找製作商？

隨着互聯網的應用，溝通成本以及物流成本越來越低，越來越多的企業不再願意兼併上下游企業，而是通過降低庫存的方式來降低成本。比如，酒廠需要糧食作為原料，而酒的銷售是有季節性的，可能某一段時間銷量很高，另一段時間銷量很低。但是，企業為了應對可能突然增長的銷量，會將一部分原料（糧食）和成品（酒）存儲起來。在市場需求少時，企業可以生產較少的產品或將多餘的酒存儲起來；當市場的需求突然增大的時候，企業可以通過擴大生產或者賣出庫存酒，以加大供應。庫存可以方便企業面對市場的變化隨時調節供應，但存儲原料及成品需要一定的成本。

互聯網提供的便利，改變了企業的運作方式，也降低了談判成本。以前，酒廠面對一個特定的糧食供應商，會受制於糧食供應商。但是互聯網環境下，酒廠可以從全球選擇糧食供應商；這樣，酒廠不僅不再需要花大力氣和供應商談判以降低價格，還能夠實現「零庫存」。也就是說，隨時有需要，酒廠可以隨時讓供應商提供糧食。如此一來，成本被大大降低，利潤就隨之上升了。

蘋果等智能手機公司及互聯網公司便是通過這種方式來

賺取高額利潤的。蘋果公司本身並不生產手機，而是將手機設計出來之後，再在全球範圍內找製造商。這種方式能夠極大地降低管理成本，因為蘋果公司不需要知道手機到底是怎麼生產的，也不需要花費大量的精力去管理一線工人，甚至不需要直接去銷售手機，而是讓專業的銷售公司負責手機的營銷工作。通過這種方式，蘋果公司有效地降低了成本，從而獲得了高額利潤。

在企業的成本通過互聯網手段被大大降低的同時，企業內部的另一種成本卻開始突顯。現代公司，特別是股份制公司，所有者和經營者分離，這導致雙方對企業的目標定位不一致。公司的所有者是股東，也就是誰掏錢成立了公司，誰就是公司的所有者。但是，所有者因為各種各樣的原因，可能參與不了企業的日常經營。比如，蘋果公司的所有者是成千上萬個股東，這些股東有的不懂經營，有的可能沒有精力參與企業經營。這時，股東會通過董事會聘請專業的經理人來管理公司。如果這個管理者是喬布斯，那麼股東就很幸運，能夠閉着眼睛收錢了。但是，如果這個管理者不是喬布斯呢？

公司的日常經營者作為理性人，他想讓自己的收益最大化，比如首席執行官（CEO）的目標顯然是使自己的工資越來越多，即使公司在虧錢，只要自己的工資不受影響，便沒有動力為公司的利益努力。而公司存在的目的是讓公司所有者的利益最大化，也就是公司本身要不斷實現贏利。公司所

有者與公司經營者目標的不一致，成為現代公司良好生存的一個重要制約因素。為了將公司的目標與經營者的目標統一起來，現代公司普遍實行的是股權獎勵機制，也就是把經營者的收入和公司的利潤直接聯繫起來。這樣，公司和經理們就變成了「一條繩上的螞蚱」。這一機制是如何發揮作用的，我們會在後面的章節詳細講解。

為什麼大企業總想追求壟斷？

在討論「企業應該怎麼樣更好地生存」的問題時，我們發現，企業只要能夠有效地降低成本，就能更好地生存。那麼，還有沒有其他方法來提高企業的生存能力呢？答案是肯定的。我們還用酒廠的例子來進行說明。這家酒廠通過市場調查發現，現在市場上一共有 5 個顧客，第一個顧客特別愛喝酒，所以，酒的價格高一點兒，他也願意去購買，而他最高願意出 100 元的價格來買一瓶酒。第二個顧客也是很喜歡喝酒的人，但他最高只願意出 80 元來買一瓶酒。第三個顧客對酒的好感一般，他的心理價位是 20 元一瓶酒。第四位顧客的心理價位為 10 元一瓶酒。第五位顧客的心理價位是 5 元一瓶酒。

壟斷狀態下，企業擁有定價權

酒廠最好的定價方法是什麼呢？答案是以 100 元的價格將酒賣給第一位顧客，以 80 元價格賣給第二位顧客，以 20 元的價格賣給第三位顧客。對於第四位顧客，酒廠可賣

可不賣，因為他的心理價位僅僅和可變成本相同。對於第五位顧客，酒廠則不賣酒給他。如此一來，酒廠就能將所有的利潤賺到了。這時，酒廠總的毛利潤為 100 元 +80 元 +20 元 –10 元 ×3=170 元。但是，酒廠不可能針對不同的人定不同的價格，大多數情況下，企業只能定一個統一的價格。因此，如果定價為 100 元，酒廠只能賣出去一瓶酒，毛利潤為 100-10 元 =90 元。如果價格定為 80 元，酒廠可以賣出 2 瓶酒，毛利潤就變成了 (80 元 –10 元)×2=140 元。如果定價為 20 元，酒廠可以賣出 3 瓶酒，毛利潤為 (20 元 –10 元)×3=30 元。如果價格為 10 元，酒廠的毛利潤為 0。因此，在只能定一個價格的情況下，酒廠應該把價格定為 80 元，這時候酒廠的利潤最大。

當市場上有很多酒廠競爭的時候，酒廠不可能把價格定為 80 元；因為有如此高的利潤空間，其他酒廠完全可以定一個較低的價格來吸引消費者。當市場上只有一家酒廠，並且其他酒廠不被允許進入市場的時候，壟斷便產生了。在這種情況下，這家酒廠就能將價格定在 80 元，這便是壟斷帶來的好處，也是很多企業想要追求壟斷的原因。

壟斷下的高額利潤，會吸引新的競爭者

我們再來看一個反向的發展過程。現在市場上如果只有一家酒廠，酒的價格為 80 元一瓶，但這家酒廠不能保證自己的壟斷地位，會有什麼樣的事情發生呢？在現有的價格下，酒廠每賣出去一瓶酒能夠賺取 70 元的毛利潤（80 元

的銷售價格減去 10 元的可變成本），如此高的利潤會吸引其他的酒廠加入釀酒行業。當第二家酒廠進入這個行業的時候，這兩家酒廠會產生競爭關係。這時，釀酒市場上有兩家酒廠，我們稱這種狀態為「寡頭壟斷」，也可以簡稱為「寡頭」。寡頭壟斷指的是市場上只有為數不多的兩家或幾家廠商供應該行業的全部或者大部分商品，並且，每個廠商的產量都佔市場總量的相當份額，對商品的價格和產量有舉足輕重的影響。

如果市場為寡頭狀態，並且兩家廠商之間不採取合作的策略，那麼，兩家廠商很可能會發生價格戰。當第二家酒廠進入市場的時候，它發現自己完全可以以較低的價格賣出商品，如每瓶酒以 70 元的價格出售，這時，還能獲得 60 元的毛利潤。如果第二家廠商採用了比現有市場價格低的策略來出售商品，那麼，第一家廠商面臨着顧客全部流失的困境，它同樣會採用降低價格的方式出售商品。於是，第二家廠商會繼續降低價格……價格最終會降到 10 元。因為價格在可變成本以上時，企業還能夠生存，低於可變成本，企業就只能選擇退出市場。

20 世紀 90 年代市場經濟興起的時候，第一家生產彩電（彩色電視）、冷氣機的企業曾經攫取過高額利潤。當彩電在市場上出現的時候，由於市場需求很大、供給很小，即使當時大部分人每月工資只有幾百元，但是一台彩電可以賣到幾千元。而且，想要買到一台彩電的人有時候還要等上好幾

個月。在這種高額利潤的驅使下，傳統家電企業開始轉到彩電行業，短短兩三年的時間，第一家企業的壟斷地位就迅速消失了。隨着第二家企業的進入，價格戰迅速打起，價格普遍跳水高達 80% 以上。

歐佩克為什麼沒能製造出新的「石油危機」？

如果市場為寡頭狀態，兩家廠商採用了合作的策略，那麼它們就能夠維持壟斷狀態，不過這種狀態很容易被打破。還是剛才的例子，在經過價格戰之後，兩家廠商同時發現：這樣的價格戰對雙方都不好。價格為 10 元的時候，兩家廠商每家能賣出 2 瓶酒，但毛利潤都為零。如果兩家可以主動降低產量，每家生產 1 瓶酒，把價格維持在 80 元，那麼每家廠商都能賺取 70 元的毛利潤。顯然，合作比競爭更能讓雙方得到好處。因為採取合作的策略，兩家廠商相當於都取得了壟斷地位。但是，這種狀態是很不穩定的，因為這個合作的前提是大家都不主動增加產量。實際運行中，在價格為 80 元的誘惑下，每家廠商都會考慮：只要對方不主動增加產量，自己一方單獨提高產量，就能獲得高額的利潤。即使價格隨之下降，自己一方也會因為產量的增多，獲得更多的市場份額。因此，雖然雙方可以達成協議，但是這種合作關係往往很容易破裂，因為私下偷偷增加產量對每家廠商來說都是一種很大的誘惑。

寡頭壟斷組織通過合作或者「勾結」的方式達成協議，從而降低產量來提高價格的行為被稱為「卡特爾行為（Cartel

Behaviour）」，這樣的組織被稱為「卡特爾組織」。世界上最有名的卡特爾組織是石油輸出國組織，簡稱「歐佩克」（OPEC）。石油輸出國組織是在 1960 年成立的，現在由 14 個成員國組成。石油輸出國組織最初成立的原因，就是制定統一的石油政策，維持石油價格，從而保證出售石油的收入。20 世紀 60 年代，石油的產地主要是中東、南美的國家，石油的購買方為美國及西歐的發達國家。由於這些石油產出國處於寡頭壟斷的狀態，為了獲得更多的石油市場份額，經常會陷入價格戰，最終的結果是石油價格不斷降低。為了應對這一困境，主要石油輸出國便發起並建立了歐佩克。20 世紀 70 年代，歐佩克通過降低產量、制定統一價格的方式，大大提高了石油的價格，從而獲得了高額利潤。不過，這也導致了美國等國家的經濟停滯，這在當時被稱為「石油危機」。歐佩克維持自身運行的最大困難就在於，每個成員國都有私自提高石油產量的衝動。石油輸出國組織能夠將國際油價維持在高位，依賴所有成員國共同降低石油產量。但在其他國家降低產量的時候，本國如果能夠稍微增加產量，便能獲得高額的利潤。也正是因為這個原因，歐佩克的政策常常得不到很好的實施。特別是隨着後來英國、美國等國油田的發現，歐佩克再也沒有能夠製造出新的「石油危機」。

除了卡特爾組織的形式，企業有其他辦法或者策略來獲得壟斷地位嗎？答案是有的。第一個辦法就是通過行政許可的方式，只允許一家企業存在於這個市場上。政府對知識產

權進行保護的行為，實際上賦予了產品發明者或者創造者壟斷市場的權利。比如，現在醫藥行業能獲得高額的利潤，就是因為醫藥企業可以為自己生產的藥品申請專利，這樣其他廠商便不能再生產同樣的藥。雖然這會導致藥品價格維持在很高的水平，損害患者的利益，但是這些高額的利潤可以推動醫藥企業不斷研發新藥，這會促使醫藥行業的不斷創新。知識產權可以為企業帶來一定的壟斷權利，但是為了有利於知識的不斷推廣，知識產權也是有時間限制的。過了知識產權的保護期限，其他企業就可以使用相同的配方或者工藝來製造產品。比如，當醫藥企業的某種藥品過了知識產權的保護期限，其他企業就能採用同樣的方式來生產相同的藥品。

除了通過行政許可得到壟斷權利外，企業還可以採用相應策略來保持自己的壟斷地位，這被稱為「策略性壟斷」。比如，前面的第一家酒廠可以讓市場上的其他酒廠相信，要想進入釀酒行業，他會不惜一切代價，用低於成本的價格銷售商品，直到他們虧損倒閉為止。這樣，其他酒廠在進入釀酒行業之前，會考慮到前面進入的酒廠已經積累了足夠的利潤來打價格戰，由此，這些潛在進入者很可能會選擇不再進入釀酒行業。

另一種維護壟斷地位的策略是「捆綁銷售」。微軟公司（Microsoft）就曾經陷入「捆綁銷售」的官司中。網景公司（Netscape）通過推出強大的網絡瀏覽器——網際（Navigator）而一舉成名。微軟公司為了應對網際對自

己的瀏覽器——IE (Internet Explorer) 的衝擊，將 IE 與其 Windows 操作系統捆綁在一起進行銷售，進而要求個人電腦製造商在購買 Windows 操作系統的時候不准去掉 Windows 軟件包中的 IE，否則就不會將 Windows 賣給該個人電腦製造商。針對這個銷售策略，美國司法部認定微軟公司試圖通過「捆綁銷售」的方式給 IE 瀏覽器以壟斷地位，而這會破壞網絡瀏覽器市場的自由競爭。最終，微軟不得不放棄自己的銷售策略。

我們必須看到，壟斷會增加企業的收入，可以讓企業獲得高額的利潤，但壟斷會導致社會付出高額的代價。比如剛才酒廠的例子，在自由競爭，甚至寡頭壟斷狀態下，價格可以降低到 10 元一瓶，這樣便會有 4 個消費者買到酒。但是，當價格是壟斷價格，也就是 80 元的時候，消費者不僅要付出高額的價格來購買商品，購買這種商品的消費者也會降低到 2 個人。除此之外，壟斷企業在高額利潤的狀態下，不會有強烈的意願創新產品，這會導致市場的停滯不前，創新的積極性也會受到損害。

價格歧視一定不好嗎？什麼是完全價格歧視？

價格歧視是針對不同的群體制定不同的價格。在完全競爭的市場，如農作物市場、生活用品市場中，信息完全透明、產品沒有差異性，消費者可以從一個廠商迅速轉移到另一個廠商，而且廠商完全沒有制定價格的權利，就不存在價格歧視的可能。因為任何試圖想要提高價格的產品銷售者都

將發現,沒有人會向他們購買產品。然而,在賣方為壟斷者或寡頭的市場中,價格歧視則是很常見的。比如,前面的酒廠針對不同消費者制定不同價格的方法就是價格歧視,這種定價方式被稱為「直接差異定價」。

直接差異定價雖然看起來簡單易行,並且能保證企業得到高額的利潤,但是這種方法在實際應用中卻存在着很多困難。一是消費者的意願價格難以測定,企業沒有辦法有效地知道每個消費者到底願意出多少錢來購買產品。二是難以阻止消費者之間的轉賣行為,也就是難以制定有效的策略阻止購買意願低的消費者將產品賣給消費意願高的消費者。如果某個消費者宣稱自己的消費意願是 20 元一瓶酒,但是當他拿到酒之後,可以轉手賣給消費意願是 100 元的消費者,這會導致直接差異定價的失敗。三是這種差異定價方法的成本過高。由於企業需要知道每個消費者或者某個特定消費人群的消費意願,並對他們進行區分,避免他們相互交易,這會造成市場細分、定價等方面的成本過高。

直接差異定價又被稱為「一級價格歧視」,也叫作「完全價格歧視」,這是一種極端的價格歧視,在現實中很少發生。

麥當勞的甜品為什麼「第二杯半價」?

除直接差異定價,還有兩種價格歧視,分別是「二級價格歧視」和「三級價格歧視」。這兩種價格歧視在現實生活中應用較多。二級價格歧視是壟斷者對購買者偏好的多樣

性有所瞭解，雖然不能觀察到每一個消費者的特性，但可以通過一些銷售策略在不同的消費者之間進行價格歧視。或者說，一個壟斷的賣方可以根據買方購買量的不同，收取不同的價格。比如，電信公司根據客戶每月上網時間的不同，收取不同的價格：對於使用量小的客戶，收取較高的價格；對於使用量大的客戶，收取較低的價格。

再看一個例子，麥當勞等快餐店經常採用「第二杯半價」策略，這是一種典型的二級價格歧視手段。麥當勞知道有人特別愛吃甜品，他們願意一次多買幾份；但是有些人對甜品的需求一般，一次只願意購買一份。麥當勞知道，那些愛吃甜品的人由於需求量大，可以給他們一定的優惠以促使他們購買。比如，一份甜品的價格為 10 元，即使價格降為 7 元，如果能賣出更多的甜品，麥當勞的利潤也要比按 10 元僅賣出一份要高。問題是，沒有人會在自己的腦袋上貼上「我是甜品愛好者」的標誌。麥當勞並不能區分，誰是甜品愛好者，誰對甜品的需求一般；但是通過銷售策略，也就是「第二杯半價」的方式，甜品愛好者會自動展現出消費傾向，這讓麥當勞可以把兩類消費者區分開來。

再比如，一家水果店專門賣橘子，它開始的標價是 5 元 /斤，這時，對面開了一家水果店，也賣橘子，定價為 4.5 元 /斤。由於兩家的橘子並沒有明顯的差別，第二家水果店的橘子價格低，消費者就會一窩蜂地到第二家店買橘子。第一家店的老闆並不想展開價格戰，於是，他想了一個策略，一斤

橘子的價格依然為5元，但是如果買得多就有優惠：購買2斤橘子減2元，買5斤減6元。消費者會計算，如果買1斤橘子的話，還是到第二家店划算。但是如果買2斤，每斤橘子的價格就變成了4元；如果買5斤，每斤橘子就是3.8元。這樣，通過定價的方法，第一家店就把消費者大體分為兩類：第一個類消費者對價格不敏感，只需要買1斤；第二類消費者對價格敏感，「愛佔便宜」、「哪怕買回去吃不完壞了，也要買」。所以，企業通過為不同類消費者制定不同的價格，可以獲得較高的利潤。

二級價格歧視存在的理由是「規模經濟」，也就是隨着銷量的增加，企業需要付出的邊際成本降低。即消費者購買的量越多，每多購買一個產品，企業需要消耗的成本越低，在這種情況下，企業喜歡大批量採購的消費者，願意為大批量採購的消費者提供較低的價格。

為什麼星巴克咖啡在中國比美國貴？

三級價格歧視是對不同市場的不同消費者實行差別定價，從而在高價格的市場上獲得高額利潤，在低價格的市場上獲取普通利潤。在三級價格歧視裏，壟斷廠商擁有消費者的信息，能夠把握消費者願意支付的價格信息。三級價格歧視是最普遍的價格歧視形式，包括特定的國家價格、成員折扣價格、學生價格等形式。

　　星巴克對同樣一杯咖啡，在中國售出的價格要高於在美國的，這便是一種三級價格歧視。因為通過市場調查，星巴克發現，中國消費者願意為一杯咖啡支付的價格要高於美國消費者願意支付的價格，這樣，提高在中國銷售的咖啡價格就能獲得高額利潤。很多奢侈品企業會針對不同國家制定不同的產品價格，大多數奢侈品在歐美的出售價格要低於其他地區的價格，這便是一種三級價格歧視。根據不同國家制定不同的價格，企業需要較好地區別兩個國家的消費者。如果不能較好區別的話，消費者就可以從價格較低的國家購買產品，賣到價格較高的國家，進而進行套利。當套利行為發生時，企業要維持價格歧視便需要付出較高的成本。

　　除了根據不同國家進行價格歧視外，企業還可以通過不同的消費者進行價格歧視。比如，在單反相機（單鏡反光相機）的「發燒友」看來，好的單反相機鏡頭是必需品，價格再高，他們也願意購買。而對於普通的攝影愛好者來說，鏡頭就並非必需品，如果定價太高，他們可能會選擇不買。為了攫取高額的利潤，廠商就會對「發燒友」制定較高的價格，而對普通愛好者制定較低的價格，怎麼才能實現呢？一個有效的方法就是用時間來控制，當新的鏡頭銷售之初，先定出較高的價格，這時「發燒友」會出錢購買。過一段時間，當「發燒友」的需求普遍滿足後，廠家再降價銷售鏡頭，來滿足普通消費者。這個過程就是三級價格歧視，廠家通過時間的不同，把消費者分到兩個不同的市場：發燒友在價格較高的市場，普通消費者在價格較低的市場。

商場、飯店常常在報紙上、網絡上、宣傳單上派發優惠券和抵用券，這些優惠券、抵用券也是三級價格歧視的一種形式。比如，一家高檔的飯店本來服務的對象是高端人士，這些人沒有優惠券，也會來這家飯店用餐。服務小部分高端人士後，飯店還是有很多空位。為了得到更多的利潤，飯店肯定希望在保證原有顧客的情況下，適當降低價格，服務更多的顧客。如果飯店直接降低價格，就會使從高端人士那裏獲得的利潤降低。一個常用的方法就是派發優惠券，優惠券可以區分出兩類消費者：一類是價格不敏感的消費者，不論有沒有優惠券，都會來飯店用餐；另一類是價格敏感的消費者，在有優惠券的時候會選擇來飯店用餐，在沒有優惠券的時候就不來飯店用餐。這樣，價格不敏感的消費者會以原價支付餐費，他們不願意花費時間來收集優惠券；而價格敏感的消費者實際上以較低的價格獲得了相同的服務。飯店通過三級價格歧視的方法，不用降低價格，便從兩類消費者身上都獲得了利潤。

　　三級價格歧視能夠存在的主要原因是企業可以將消費者進行區分，並且消費者之間不會進行交易。價格歧視從名字上來說，由於包含了「歧視」兩個字，可能會與「不好」、「負面」等詞意聯繫起來。確實，通過價格歧視的方式，壟斷企業可以獲得高額的利潤，從而攫取更多的「消費者剩餘」。但是，從前面飯店的例子可以看出，在壟斷市場上，如果沒有價格歧視，心理價位較低的消費者可能根本沒有機會或者必須付出較高的代價才能獲得壟斷產品。當價格歧視

存在的時候，心理價位較低的消費者也就有機會消費壟斷產品，這其實是一種帕累托改進，對市場也是有利的。

　　與價格歧視常聯繫在一起的一個名詞是「傾銷」。傾銷的直接表現是產品在別國的銷售價格大大低於在本國的銷售價格，這其實也是三級價格歧視的一種形式。但是傾銷行為發生時，企業在別國銷售的產品的定價大大低於產品的成本，也就是說，企業在其他國家進行的是虧本經營。而企業進行傾銷的目的是打擊別國的競爭對手。當競爭對手退出市場後，企業可以獲得壟斷地位，從而獲取高額的利潤。傾銷行為會對市場的自由競爭造成損害，因此，WTO（世界貿易組織）對傾銷行為是嚴格禁止的。但價格歧視卻能在一定程度上為消費者提供福利，這種行為是被允許的。

春運期間，火車票該不該漲價？

　　每每臨近春節，大多數人都會面臨一個難題：火車票難買。春運期間，會有幾億人從一個地方去往另一個地方，再在短短的幾天內返回，這不管對哪個國家來說都是一個巨大的挑戰。10多年前，春運期間，火車站售票窗口前會排起長長的隊伍，「黃牛」在當時的環境下應運而生。很多無法在窗口買到火車票的人，只能選擇從「黃牛」手裏購買高於票面價格10倍甚至幾十倍的火車票。隨着高鐵的開通以及互聯網的發展，火車運力大大提升，但與春節的需求相比，火車運力還是明顯不足。雖然我們現在不需要現場排隊，能從網上買到火車票，但春運期間購票的人太多，往往是售票

時間一到，幾秒鐘火車票就售罄了。在這種情況下，「黃牛」從線下走到了線上。他們不再通過排隊買票，而是從網上搶到票後，再轉賣給其他人，收取高額的中間差價。

其實，現在的火車運力已經提高了很多，平時出行，很多人能夠買到合適的火車票。但由於春節的特殊性，公眾的出行需求突然增大，火車票「一票難求」的問題多年來難以解決，但從經濟學的角度來看，這個問題其實是很容易解決的。

導致火車票「一票難求」的問題

火車票「一票難求」的根本原因是「供不應求」，也就是需求大於供給。從前面章節我們知道，在自由競爭市場中，只要需求大於供給，就應該提高產品的價格。因為隨着價格的上升，需求會逐漸減少，而廠商由於價格的上漲也願意提供更多的產品，這會讓整個社會的福利水平提高。

火車票市場並不是自由競爭市場，而是壟斷市場。鐵路運輸行業有天然壟斷的傾向，原因在於鐵路建造的前期投入成本巨大，但後期運輸成本相對較小，這就如同我們前面説過的電力行業。企業若為同一個人鋪設兩套鐵路系統，一方面企業無利可圖，另一方面會造成巨大的社會資源浪費。因此，大多數國家的鐵路運輸行業都採取了壟斷的方式。

在壟斷狀態下，如果定價權交給了企業，那麼企業會利用自己的壟斷地位，獲取高額的利潤。企業會努力把握公眾的需求，也會知道春運期間公眾對火車票的需求會變為類似

對必需品的需求。即使火車票的價格上漲很多，很多購票者依然會選擇購買火車票。如果平時的火車票價格為 200 元，那麼在春運期間，購票者願意為火車票付出的價格可能會達到 1,000 元，甚至更高。因此，如果火車票的定價權在企業手裏，那麼企業至少會定出兩個價格，一個是平時價，一個是春運期間的價格。

更極端的情況是，企業可以通過拍賣的方式，確定誰能獲得火車票。既然火車票處於短缺狀態，那麼一定有人願意為火車票付出較高的價格。如果企業能夠區分出這部分人，以較高的價格把火車票賣給願意支付高價的人，那麼企業就能賺取高額的利潤。最極端的拍賣方式，就是前面所說的一級價格歧視，每個人在網上對火車票給出自己願意支付的價格，出價最高的那部分人獲得火車票。比如，平時的火車票價格為 200 元，但有人願意出 2,000 元買春運期間的火車票，有人願意出 1,000 元，有人只願意出 200 元。現在只有 1,000 張火車票，鐵路公司可以根據每個人願意支付的價格，把火車票賣給出價最高的那 1,000 個人。

鐵路公司獲得了高額的利潤，但對於整個社會來說，矛盾卻增加了。由於火車票在春運期間類似於必需品，大家不得不為獲得一張火車票而付出沉重的代價，這會使社會成本急劇增加。因為大部分人會覺得，鐵路公司通過壟斷獲得了高額的利潤，對於整個社會來說是不公平的。因此，大多數國家採用的方式是：火車票的定價權掌握在政府手裏。企業失去了定價權，便不能隨意提高價格獲得高額的利潤。

為什麼火車票價格不能在春運期間上漲？

在考慮了社會公平問題之後，鐵路公司提高春運期間的火車票價格還是公平的嗎？

春運期間，火車票是供不應求的，誰能獲得火車票成為政府考慮的重要問題。也就是，政府應該以什麼標準來確定誰應該獲得火車票。比如，一種方式是按年齡來獲得火車票，年齡大的人應該得到火車票。這樣一來，年輕人就沒有動力努力奮鬥，只要等着年齡增長就可以了。另一種方式是排隊，也就是誰願意付出更多的排隊成本，即時間，誰就能獲得火車票。通過排隊，鐵路公司實際上是把全社會每個人的時間成本做了一個排序。這意味着，時間成本越低的人越有機會獲得火車票。平時工作不忙、每小時收入較低的人，有時間排隊，這些人便有機會獲得火車票。那些沒有時間排隊、工作較忙、每個小時能賺更多錢的人，不願意花時間排隊，得到火車票的機會就少。

由此可見，每一種獲得火車票的方式，都要先確定一個獲得火車票的標準。那麼，提高火車票價格呢？提高火車票價格意味着誰有錢，誰就有機會得到火車票，這其實不管對於誰來說都是一個正向激勵，也就是通過價格的方式，給了全社會一個指揮棒，只要你努力賺錢，讓整個社會的總福利增加，你就有機會獲得火車票。所以，從這個角度來看，鐵路公司通過提高價格來區分誰能獲得火車票，誰不能獲得火車票，是相對通過排隊、特權、年齡等方式更加公平的一個

方式。同時，提高春運期間的火車票價格，能夠激勵鐵路公司在春運期間加開火車，這樣，也就提高了整個社會的總福利。

看起來問題得到了解決，即春運期間應該提高火車票價格。但是，社會中總有一部分人因為各種原因，沒有辦法提高自己的收入水平，比如身體有殘疾或者個人在成長中因某種因素，無法得到良好的教育，從而在社會上的競爭力較弱。那麼，這部分人就面臨着一個巨大的困境：永遠買不到火車票。又比如，農民工考慮到自己辛苦一年才積攢一點兒錢，不願意支付較高的價格購買火車票。這樣，農民工群體很可能面臨春運期間永遠無法回家的問題。有人可能會説，他們可以選擇過了高峰期時才回家，比如過完年再回家。但按照中國的傳統，回家過年對於每個人的意義重大。因此，如果剝奪農民工春運期間回家的權利，會造成巨大的社會成本，也就是一個群體對現有制度會產生不滿。

這也就是國家及鐵路公司並不會在春運期間提高火車票價格的原因。在供不應求的狀態下，排隊讓低收入群體能夠擁有獲得火車票的權利；而「黃牛」的存在，讓高收入群體能夠發揮自己的收入優勢，獲得火車票。這實際上是一種能夠有效區分兩種群體，並在發揮價格指揮棒的前提下，兼顧公平問題的架度安排。隨着互聯網的普及，網上搶票的方式出現，這種方式讓大家覺得公平。雖然這會犧牲一部分社會福利，但能夠有效降低社會成本。

由此可見，僅從經濟成本來看，在春運期間提高火車票價格是應該的，但將社會成本納入考慮範疇的話，則不應該提高春期間的火車票價格。

當公司決定裁員的時候，哪種辦法最好？

供不應求的問題在很多領域都曾經出現過，不同的解決方法會帶來不同的結果，這給了我們很多教訓及啟示。計劃經濟時代，由於物資匱乏，很多商品，比如自行車，都處於供不應求的狀態。為了解決供需矛盾，當時國家採取了「憑票購買」的辦法，即就算你有錢也不行，你只有擁有了某件商品的「票證」，才有資格買這件商品，比如，買油需要「油票」，買自行車需要「自行車票」，買糖需要「糖票」。在這種制度安排下，錢變得不那麼重要，「票證」成為比錢更重要的東西。於是，人們不再想辦法賺錢，而是想辦法拿到票證。而票證的分配集中在少數管理者手裏，即獲得權力變成了比獲得金錢更重要的事情。因此，這種制度安排實際上是鼓勵人們去獲得權力，進而得到分配票證的可能性，這會導致腐敗行為的不斷產生。

裁員的發生意味着公司運行出現了問題，而公司選擇裁員表明公司想要讓自己的運行走上正軌，如何有效地解決裁員問題，是公司是否能夠提高贏利能力的重要基礎。通常有兩種方法可以供選擇：一個是公司主動裁員，將工作效率低、不負責任的員工辭退；另一個是公司降低所有人的工資水平，等員工主動辭職。這兩個選擇實際上是為裁員制定了

兩個不同的標準。第二個選擇，也就是降低所有人的工資水平，等員工主動辭職，讓公司看起來似乎更人性化，但這個選擇是要看誰的時間成本更低。那些找不到其他工作、能夠忍受低工資的員工，願意在公司耗更長的時間。而那些能夠找到其他工作、不能忍受低工資的員工會主動辭職，但這些員工是公司真正想要留下來的人。由此可見，第一個選擇才是公司在辭退員工時真正應該採用的方法。

為什麼平台才是最賺錢的大贏家？

股票市場為公眾所熟知，你認為誰是股票市場中最賺錢的人？散戶肯定不是，散戶暴露了高風險，10個散戶中能有1個在賺錢就不錯了。上市公司呢？上市公司能夠在股市裏籌集到大量的資金，老闆能趁着公司上市獲得豐厚的資本收益。但是，大多數上市公司想要贏利，還是要立足於自己所在的行業，只有真正在本行業賺到了錢，才能獲得利潤。莊家呢？莊家通過操縱市場，確實可以從股票市場獲得高額利潤，但是操作市場是非法行為。莊家通過操縱市場獲得高額利潤，需要面臨法律的制裁，這相當於莊家面臨了很高的法律風險。其實，在股票市場真的賺到錢的是證券公司。不管是散戶、上市公司，還是莊家，想要在股票市場操作，便需要給證券公司繳納「佣金」。證券公司存在的作用實際上是為股票交易提供一個平台，並為交易的各方提供相應的服務。雖然對於散戶來説，每一次交易的費用很低，可能只是幾元，但這些「佣金」對於證券公司來説，卻是零風險且接

近零成本的。股票市場上的操作次數越多，證券公司能夠賺到的錢也越多，這就是平台能夠賺到錢的一個重要原因：風險極低。

什麼是平台經濟模式？

當下，平台經濟成為一個流行名詞，很多贏利能力良好的公司採用的都是平台經濟模式，比如蘋果、谷歌（Google）、阿里巴巴等公司。平台經濟模式是現在很多公司得以生存的重要原因，也是未來世界經濟發展的一個重要商業模式。只有對平台經濟模式進行充分瞭解、分析並進行創造性應用，公司才不會在市場競爭中陷入不利的境地。

平台經濟的意識其實由來已久，除了股票市場外，傳統行業中報紙的運行模式其實也是平台經濟模式。報紙本身的發行並不贏利，一份報紙能夠賣到幾元，就屬高端報紙了。而報紙的發行有印刷、銷售、運輸等多種成本，報社還需要支付作者一定的稿費。因此，報社通過發行報紙來賺錢幾乎是不可能的。《新京報》在剛剛創建的時候，每發行一份報紙還會附送一瓶飲料。也就是說，報紙是免費送給讀者的，而一瓶飲料的費用少說也要 1 元。因此，報紙發行本身是虧損的；那麼，為什麼報社還有意願發行報紙呢？答案是報社可以通過廣告費來賺錢。報紙的發行量越大，在上面做廣告的廠商越多，廣告費也就越高，這便是平台經濟模式的一個應用。報社實際上是在做一個平台，在這個平台上，作者可以發表文章，讀者可以閱讀到有價值的文章。報社要讓報紙

這個平台儘量大，讀者、作者儘量多，進而可以吸引更多的廠商來做廣告。

平台經濟模式發展背後的邏輯

我們在前面談到過，現代公司能夠迅速成長的一個重要原因是經營權和所有權的分離。公司所有者是投資人和股東，這些人有錢、有實力投資更多的公司，但他們沒有直接經營公司的經驗及能力，也沒有直接經營公司的精力。經營者，也就是公司的日常管理人員，擁有經營公司的專業知識及精力，但往往沒有創立公司的資本。而現代公司經營權與所有權的分離，使這兩種人可以進行合作，他們通過發揮各自的優勢，提高公司的贏利能力。

平台經濟模式得以發展的本質是讓基礎平台與專業應用之間的分離成為可能，這也是專業化不斷提升的結果。報社對報紙的出版、發行在行，但不一定對寫作在行，作家對寫作很在行，但對發行、出版不在行。因此，報社通過提供平台，讓作者在這個平台上發表作品，可以讓雙方共贏。阿里巴巴、淘寶也是如此。實體的商店由於地理位置、經營成本等方面的限制，只能服務於本地區甚至本小區的客戶。阿里巴巴、淘寶為這些店提供了一個平台，它們就可以為全國的客戶服務。這個平台的宣傳、推廣由平台經營者負責，商店只需要關注自己在平台上的推廣就可以。這實際上是將平台與具體應用兩者區分開來，通過專業化的方法讓雙方都能夠關注自己擅長的事情，從而提高了效率。

淘寶是如何做大的？

一是應用的增多讓平台本身的風險降低，贏利能力提高。淘寶在創辦之初，如果沒有商家願意在上面賣東西、沒有買家願意在上面買東西，會面臨隨時倒閉的風險。但隨着淘寶用戶的不斷增多，只要用戶數量穩定、交易量存在，那麼，淘寶倒閉的風險就很小。雖然淘寶的賣家會倒閉、買家也會選擇不再在淘寶上買東西，但當買、賣雙方的數量非常大的時候，雙方進入和退出的數量就能保持穩定。這樣，交易量便會維持在一定的高度，只要交易量存在，淘寶便可以從提供廣告、金融等服務方面獲得利潤。

二是用戶量的增加為平台帶來了不可替代性。各個產品的用戶都有一定的黏性，即用戶由於對產品和品牌的忠誠、信任和良性體檢而產生依賴感並想要再次消費的期望。比如谷歌、百度是信息搜索服務的平台，隨着用戶對特定搜索引擎的使用會對這個搜索引擎產生黏性，當有新的搜索引擎出現的時候，用戶不會轉而使用新的搜索引擎，而是習慣性地繼續使用原來的搜索引擎，這為百度、谷歌等產品帶來了不可替代性。我們在第一章討論過，這樣的不可替代性可以為平台帶來接近於壟斷的地位。

三是平台起到了中介作用，可以大幅度降低成本。很多平台提供的主要服務是信息服務，以提高用戶選擇產品的透明度，增加信息的流動性。比如蘋果公司生產的智能手機本身所能提供的服務是平台性、基礎性的，除了打電話、發

短訊、視頻通話（Face Time）等為數不多的應用外，蘋果公司最主要的應用是應用市場（App Store）。應用開發商可以在上面提供應用，用戶從多達上萬個應用中選擇自己需要的，這其實是使壟斷性競爭變成自由競爭。如果沒有蘋果手機的平台，用戶可能需要自己收集各類應用。由於信息流動的遲滯，用戶很可能需要花較多的時間比較各個應用的好壞。通過應用市場這個平台，用戶可以省去查找、比較等時間和金錢成本，便能找到滿足自己需求的應用，這其實是平台的重要作用之一。

互聯網本身就是一個巨大的平台，在互聯網發展初期，它被稱為「虛擬世界」，當時人們主要通過它進行遊戲、交友等活動，較少把實體的經濟、工作等搬到網上。隨着互聯網在各行各業的推進，淘寶將零售業搬到了網上，QQ、微信等把人際交往搬到了網上，支付寶、微信等又把金融服務搬到了網上。這樣，互聯網不再是「虛擬世界」，而是「現實世界」的一部分。在這個轉變過程中，互聯網起到了對資源重新配置的作用，這極大地提高了經濟效率。從小處來說，在互聯網發展之前，小賣部想要找供貨商，需要到批發市場去一家家談，這不僅會消耗大量的成本，也很難更換供貨商。隨着互聯網的應用，互聯網平台效應讓買方可以從多個賣家那裏詢價，減少現場談判的時間和金錢成本。而物流的專業化，也讓物流成本大大降低，這促進了經濟效率的提高。從大處來說，互聯網的發展促進了行業的重新洗牌，進

而促進了資源向更有效率的方面配置。比如，淘寶的發展，減少了實體店的租金成本，賣家可以用更低的價格銷售產品，買家能用更低的價格買到產品，這實際上增加了雙方的福利。

隨着平台效應的放大，現在社會的生產、消費關係發生了巨大的改變。縱觀歷史，原始社會由於生產效率極其低下，幾乎沒有剩餘產品。每個人都需要勞動，因為不勞動，就意味着要處於挨餓的狀態。隨着生產效率的提升，奴隸社會剩餘產品開始出現，但剩餘產品的數量極少。不過，這也意味着有一小部分人可以不勞而獲。為了滿足這一小部分人不勞而獲的需求，社會制度變得異常嚴苛，其他大多數人需要以奴隸的方式存在。到了農業社會、資本主義社會，生產效率逐漸增加，剩餘產品逐漸增多，這意味着大多數人勞動、大多數人消費成為可能。隨着現代社會，特別是互聯網社會的發展，社會的專業化程度不斷上升，社會效率逐步提高，這使少數人生產、絕大多數人消費成為可能。比如，原來一個煤礦或者一個鋼廠需要幾十萬名工人，現在的互聯網公司只需要幾千人甚至上百人就能滿足一個行業的需求，這便是平台經濟模式給我們帶來的巨大好處。

第三課

貨幣與宏觀經濟

　　貿易最初是以「以物易物」的形式出現的，隨着貨幣的出現，商品經濟得以快速發展。歷史上，貨幣的形式多種多樣，最初的貨幣為貝殼，後來發展到金、銀、銅等鑄幣，現代社會的貨幣大多是紙幣。隨着互聯網金融的發展，「無現金社會」或許是人類社會發展的方向。貨幣在最初產生時，只是發揮了「媒介」的作用，增加商品交易的便利性，但現代社會的貨幣卻反過來影響了商品交易的本身，甚至在「金融危機」不斷出現後，對於社會的影響越來越大，本課就是討論貨幣與宏觀經濟之間的相互影響。

錢從哪裏來？

貨幣是每個人生活中必不可少的組成部分，購買生活必需品、發工資、投資等都離不開貨幣。貨幣的形式是多種多樣的，有的貨幣是現金形式的；有的貨幣是支票或者信用卡形式的；有的貨幣以銀行存款的形式存在銀行裏；有的貨幣被投到公司裏變成股票或者債券，這些貨幣可以相互轉換，比如現金可以變成債券，債券也可以變成現金。

為什麼交易需要貨幣？

市場需要貨幣是因為交易的存在。人類社會發展初期，經濟是極不發達的，人們通過簡單的手作可以得到或擁有的物品種類很少，數量也很少，因此人們之間的交易十分簡單；雖然我們常聽說原始社會人們用一把斧頭可以換三隻羊，可這是真的嗎？仔細推敲，在最初交換的時候是沒有羊的，因為人類養羊的時代比較靠後，所以當時換的都是日常使用的能夠留下和保存的東西，如骨針和獸皮等。在偶爾的物品交易中，我們會發現一種物品的價值是用另一種物品的交換價值表現出來的，如果一把斧頭能換來一根骨針，那麼斧頭的價值就是一根骨針。

隨着人類社會的進步，剩餘的物品越來越多，有了羊、豬、牛，有了農作物，這時候物品交易能夠順利達成的概率就在下降。舉個例子，如果全社會只有兩種物品，那麼易貨就是 A 換 B 和 B 換 A，即交易很容易達成。當第三種物品

出現的時候，交換方式就有了 6 種，當你想要用 A 去換 B，而交易的對方手裏只有 C 的時候，交易就很難達成。如果有 4 種物品需要交換的時候，就有 24 種可能性，你和某一個交易對象交換某一特定物品的時候，交易成功的概率只有 1/24。當出現 50 種、100 種物品的時候，以物換物就變得極難實現了。

這時候人們發現，大家願意要什麼，就變得很關鍵，如果大家都願意要骨針，那麼你就可以把物品先換成骨針。如果大家都想要羊，那麼你就可以先換成羊，再用骨針或羊去交換自己想要的東西。不管使用什麼樣的物品進行交換，只要大家普遍認可，這就是一般等價物。一般等價物在各個地方都是不同的，即使在同一個地方，隨着時間的變化，也會不同，但最終都殊途同歸，全世界將一般等價物認可為黃金、白銀等貴重金屬，這些金屬的好處是能夠長時間保存，最後成為我們所說的貨幣。

貨幣是怎麼被「創造的」？

如果有人問你，我們每天使用的貨幣是怎麼「創造的」，你應該怎麼回答呢？你可能覺得只要中央銀行印足鈔票，貨幣就產生了。事情確實如此，但也並不僅僅如此。

我們先來看看每個國家有幾種類型的銀行。每個國家都有一個中央銀行，這是第一種銀行，比如中國的中央銀行就是中國人民銀行；美國的中央銀行是美聯儲。中央銀行

的終極目的是通過制定貨幣政策，將通貨膨脹維持在社會可接受的水平，同時儘量促進就業。我們都知道，通貨膨脹率過高，會造成市場的波動，甚至會影響整個社會的安定；因此，為了保證通貨膨脹在一個可控制的範圍內，中央銀行需要對貨幣的總量進行控制，防止過快的通貨膨脹，但同時也要防止通貨緊縮。中央銀行本身屬國家職能部門，並不以營利為目的。國家的第二種銀行是商業銀行，比如中國的四大國有銀行（中國銀行、建設銀行、農業銀行、工商銀行），它的主要目的是通過吸收存款、放出貸款獲得利潤。

　　我們來看商業銀行的運作邏輯。當個人將存款存入商業銀行之後，商業銀行並不是將存款一直放在金庫裏等你隨時取。商業銀行會將存款貸出去，通過存、貸款之間的利息差額來獲得利潤。比如，你將 100 元存到銀行，一年後取出，利率是 4%，也就是 4 元的利息。銀行拿到你的錢之後，需要找到願意借錢的公司或個人，以超過 4% 的利率貸出去，才能獲得利潤。如果銀行能找到一家公司並以 10% 的利率將錢貸給這家公司，那麼一年後，銀行獲得 10 元的收入，除去支付給你的 4 元利息，銀行還能獲得 6 元的盈利。因此，當你的錢存入銀行後，並不是一直在銀行裏，而是會被貸出去。不過，銀行考慮到有人總會取錢，也不會將所有錢都貸出去，而是留下來一部分作為銀行儲備金，來應付隨時的取款。

　　如果銀行按照商業運作的原則，準備好足夠的銀行儲

備金供客戶日常取款，而客戶也對銀行的信用有良好的心態，知道隨時能取到錢，那麼銀行就能穩定運行。但是，如果某家銀行為了追求更多的利潤，將大量的銀行儲備金貸了出去。這時，如果某個人來取款，發現銀行沒有錢，那麼這個人就可能會產生恐慌：是不是這家銀行馬上要破產了？自己的錢會不會沒了？於是，他會將自己的錢全部取出來。如果消息擴散，所有的人都知道銀行可能沒辦法支付自己的本金，那麼，所有人都會同時去銀行兌現，這時「銀行擠兌」就出現了。即使銀行本來的信譽很好，貸款也沒有問題，也沒有一家銀行能應付所有人的擠兌，因為畢竟會有一部分的資金被貸出去。

為了防止商業銀行逐利的衝動，中央銀行會對商業銀行要求最低的銀行儲備金率。假定銀行儲備金率為 10%，這意味着，商業銀行每收到 100 元的存款，會將 10 元放在金庫裏，等待客戶取款，將剩餘的 90 元貸給企業。貨幣便是通過商業銀行「創造」出來的。

假設中央銀行印刷了 100 元人民幣投入市場，某個企業拿到了這 100 元。企業並不會以現金的形式保留這 100 元，而會將 100 元存到商業銀行，慢慢花。如果這時銀行儲備金率為 10%，那麼商業銀行拿到 100 元後，會存下 10 元，將 90 元貸出去。拿到這 90 元貸款的企業，會將 90 元存回到銀行。商業銀行拿到這 90 元，會將 9 元留下來，把 81 元貸出去……這個過程不斷重複，貨幣就是在這個過程

中被不斷「創造」出來的。我們可以看到第一次的時候，中央銀行發行了 100 元，經過商業銀行的運作，第二次創造了 100 元 ×(1-10%)=90 元的貨幣。第三次創造出 90 元 ×(1-10%)=81 元的貨幣。市場因為中央銀行發行的 100 元，可以創造出 100 元 +100 元 ×(1-10%)+100 元 $(1-10\%)^2$+100 元 $(1-10\%)^3$+……+$100(1-10\%)^n$(n 為無窮大)=1,000 元的貨幣。

因此，如果儲備金率為 10%，最初發行的 100 元貨幣會通過商業銀行，讓整個市場有 1,000 元的貨幣流通量。如果提高儲備金率，銀行能夠貸出去的錢會減少，創造的貨幣也會減少。我們經過簡單計算可以得出，如果儲備金率為 20%，100 元的貨幣最終會變成 500 元。如果儲備金率降低，比如變為 5%，整個市場因為發行的 100 元貨幣，最終會產生 2,000 元的貨幣。簡單的公式就是 100 元（中央銀行發行的最初貨幣量）除以銀行儲備金率。

錢怎麼從中央銀行到民眾手裏

我們用簡單的幾句話解釋一下，中央銀行是怎麼將錢投放到市場上的。造幣廠造出貨幣之後，貨幣會被放到國庫中，中央銀行的一個重要職責就是對國庫進行管理。這時，如果中央銀行覺得市場上的錢少了，它並不會將錢隨意投放到社會上，也不會隨機找到某個人把錢送給他。中央銀行對貨幣進行調節的方法叫公開市場操作，也就是和銀行、證券公司等進行債券或外匯買賣。如果中央銀行覺得現在市場上

的錢太多了，想要回收一部分錢，就可以向商業銀行和證券公司賣出債券或外匯，這些債券或外匯就不能在市場上進行交易。通過這種方式，錢被回收到國庫，市場上的貨幣流動性降低，能預防通貨膨脹。同理，如果中央銀行覺得現在有通貨緊縮的壓力，即現在市場上的錢少了，它會通過買進債券或外匯，把錢「交換」給銀行和證券公司，從而增加市場上貨幣的總量。

從上面的例子能夠看到，市場上的貨幣類型有不同的流動性。比如現金的流動性最大，你可以直接用現金來支付賬單、消費。銀行存款的流動性稍差，同樣是存款，活期存款的流動性比定期存款流動性要高。如果你想要使用存款來進行消費，需要到銀行排隊或者通過手機軟件將存款變為現金才能使用。債券的流動性相對來說更差，因為很多時候，債券公司對債券的提現有一定的規定，如提現者要提前通知債券公司或者多長時間內不許提現等。股票的流動性相對來說也差，如果你擁有某個公司的大量股份，想要提現，很可能要經過董事會的同意。

什麼是狹義貨幣供應量、廣義貨幣供應量？

根據不同類型貨幣的流動性，每個人會選擇持有不同比例的貨幣。

你如果認為自己 3 個月後會買房，需要大量的貨幣支出，就不會選擇一個 5 年期的債券。你如果認為自己未來很長時

間內都不會有大額支出,那麼可能傾向於選擇存款,甚至是債券、股票,而不是持有現金。M1(狹義貨幣供應量)、M2(廣義貨幣供應量)就是用來反映不同流動性貨幣總量的指標,其實除了 M1、M2,還有 M0、M3(最廣義的貨幣供應量)等。

M0 指的是流通中的現金,也就是除了銀行裏存在的現金之外,市場上民眾手裏現金的總量。M1 是 M0 加上企業的活期存款。因為企業的活期存款很容易變為現金用來進行消費以及購買產品。M2 是 M1 加上定期存款、居民的儲蓄存款、其他各種類型的存款以及證券公司的客戶保證金。當然,還有 M3 的提法,M3 是 M2 加上國庫券、銀行匯票和商業票據等。

由於 M1 的流動性很強,如果其增速很快,那説明大家都想把現金拿在手裏,在這種情況下,意味着市場上的消費衝動很強烈。如果 M2 的增速很快,M1 相對較慢,那説明大家都以銀行存款的形式持有貨幣,這就意味着市場上的消費衝動較弱,大家都想用存款來投資。通過對 M1、M2 進行監控,中央銀行知道當下的市場走向,並能夠制定相應的貨幣政策,從而穩定市場,或者推動市場發展。

通貨膨脹一定不好嗎?

所有商品的價格都是由貨幣來表示的,比如一件羊毛大衣的價格是 1,000 元,一斤蘋果的價格為 5 元。在金屬貨

幣時代，由於黃金、白銀的產量是一定的，商品的價格可以保持一定的穩定性。但是到了現代社會，所有國家流通的貨幣都變成了紙幣，紙幣的供應可以說是無窮無盡的。當中央銀行發行的貨幣量高於市場的需求時，買方手裏的錢增多。在市場上購買東西時，買方能出更多的錢，商品的價格會升高，這時通貨膨脹就產生了。

什麼是通貨膨脹？

這裏要指出的是，只有當一個社會中所有商品或者大多數商品的價格都普遍上漲的時候，通貨膨脹才會產生。如果只有一小部分商品價格上漲，還有一部分商品價格在下降，那麼總體計算下來，可能產生通貨緊縮，也就是整體價格在下降。現實中，我們為了計算通貨膨脹率，不可能將所有商品的價格都算出來，只能選擇其中有代表性的商品進行計算，這些商品叫作「一籃子商品」。因此，如果某年你感覺房價上漲很快，但統計局公佈的數據中通貨膨脹率比較低或者通貨膨脹並沒有發生，那你也不用質疑統計局；因為房屋可能並沒有被放到「一籃子商品」中，也就是統計局計算通貨膨脹率時，沒有將房屋價格考慮在內。原因在於，房屋交易並不直接涉及每個人，從市場的全部商品交易來看，房屋交易的社會關注度雖然很高，但重要性並沒有那麼大。

通貨膨脹率是宏觀經濟學的概念，但為了解釋起來方便，我們拿一個賣酒的廠家來做說明。如果某個國家今年只發生了一次交易，一個酒廠賣了一斤酒給某個消費者，且這

斤酒的價格是 5 元。那麼這個社會所需要的貨幣供應量就是 5 元。如果中央銀行在第二年發行了 6 元的貨幣,而第二年,全社會的交易也依然是一斤酒;那麼,這斤酒的價格就會變成 6 元,這時通貨膨脹就發生了,通貨膨脹率為 (6 元 -5 元)÷5 元 ×100%=20%,現實生活中的通貨膨脹就是這麼發生的。

其實,由於貨幣只是交易的媒介,且中央銀行不以營利為目的,它意識到自己的行為會導致通貨膨脹,從而將要發行的 6 元直接送給消費者,那麼通貨膨脹的發生是沒有意義的;因為市場上一斤酒到底是 5 元還是 6 元並不重要,只要交易發生,就會讓買賣雙方的福利同時增多。

通貨膨脹發生時,消費者的財富被掠奪了

通貨膨脹的危害在於,普通民眾以貨幣計算自己所擁有的財富,而貨幣的發行權在政府。回到剛才的例子,中央銀行並不是每年收回公眾的貨幣後,再發給公眾,而是通過多印發貨幣的方式來提高貨幣供應量,比如在第二年,中央銀行多印發 1 元,這 1 元並不會免費送給個人使用,而是會由政府來使用。這樣,消費者手裏還是只有 5 元,由於政府手裏多 1 元,便可以和這個消費者一起到酒廠購買酒。第一年消費者用 5 元買到了一斤酒,第二年由於政府和消費者一起來,酒廠將酒價提高到 6 元,消費者只能購買到一斤酒的 5/6,剩下的 1/6 到了政府的口袋。這樣,通貨膨脹發生時,

消費者的財富實際上被政府剝奪去了一部分。

　　第一次世界大戰之前，金本位是國際上的主要貨幣制度，也就是所有商品都用黃金來計價，當時從沒發生過惡性通貨膨脹。但是「一戰」之後，由於商品經濟的發展，市場上的交易量增多，這時黃金遠遠不夠用，於是越來越多的國家拋棄了這一貨幣制度，改用紙幣作為本國的貨幣。德國就是在這種背景下發生了惡性通貨膨脹。當時，根據「一戰」的停戰協議，德國需要賠償戰勝國大量的戰爭損失，這部分賠款理應由政府來負擔。當稅收不夠時，政府便開始通過發行債務的方式向公眾放債，當債務逐漸到期，政府卻沒有辦法償還。這時，政府有一個很方便的選擇，就是發行貨幣。發行貨幣的成本很低，因為造幣廠就在政府手裏，而發行貨幣可以幫助償還債務，又可以方便政府購買服務。

　　由於貨幣發行權在政府手裏，它甚至不需要多印鈔票，只要提高最大面額就行。比如現在市場上紙幣的最大面額為100元，政府只要印出 1,000 元的就能解決當下的很多問題。當市場上突然出現大量貨幣的時候，商品的價格開始上漲。如果民眾明確知道商品價格只是上漲一倍就會停止，那事情還好辦，因為大家不會有價格將繼續上漲的預期。但是實際生活中，商品價格上漲會讓民眾產生商品價格會上漲更多的心理預期。有了這個心理預期之後，民眾拿到工資後的第一反應是趕緊花出去，換成商品。於是，供不應求的現象發生了，商品價格繼續上升，通貨膨脹率繼續升高。政府為

了購買需要的服務，就不得不印更多的鈔票，這就是惡性通貨膨脹一旦發生，就很難抑制的原因。德國於 1924 年發行了人類有史以來最大面額的 100 萬億的馬克紙幣，津巴布韋也有過惡性通貨膨脹的經歷。

防止惡性通貨膨脹的「貨幣局制度」

我們回顧一下惡性通貨膨脹的發生過程：當政府面臨財政困難的時候，有強烈的印鈔票衝動來彌補財政收入的不足，這就會導致嚴重的通貨膨脹。當惡性通貨膨脹發生時，政府會付出沉重的成本；因為民眾往往會對政府失去信心，甚至會推翻政府。因此，有些國家為了防止政府掉進惡性通貨膨脹的深淵，便不使用自己國家的貨幣。比如，巴拿馬、厄瓜多爾、帛琉等多個國家就主動放棄了自己國家的貨幣，將美元定為流通貨幣。

除了直接採用別國貨幣來避免通貨膨脹外，還有一種較為「強硬」的貨幣制度，叫貨幣局制度，貨幣局規定了本國貨幣與某一外國貨幣的固定交換比率，並且對本國貨幣的發行做特殊限制以保證履行這一法定義務。

中國香港長期以來實行的就是貨幣局制度。貨幣局制度要求本國或者本地區發行貨幣時，必須有等值的外匯儲備作為保障，並且嚴格限定匯率，匯率沒有改變的空間。香港規定每發行 1 元的港幣，就應該有相應的美元作為儲備。這個結果實際上與直接使用美元作為法定貨幣的結果相近，香港

主動放棄了隨意印刷貨幣的權力。這可以保證境外投資者對港幣的信心，不用擔心港幣的貶值。正是這個原因，幾十年來，中國香港的金融業得到了飛速的發展。

為什麼美元會成為世界貨幣？

到此為止，通貨膨脹似乎只有壞處，沒有好處，真的是這樣嗎？答案是否定的。其實，溫和的通貨膨脹可以刺激經濟增長，但從長期來看，通貨膨脹並不會對經濟起到任何刺激作用。比如，今年一斤馬鈴薯的價格是 2 元，明年所有人的收入都增加一倍，馬鈴薯的價格變為 4 元一斤，這並不會對經濟造成任何影響。但是從短期來看，由於通貨膨脹並不是在所有領域瞬間完成的，而是會漸漸滲透到不同領域，這便可以促進經濟的增長。

當中央銀行決定向市場上投放更多的貨幣時，它通過公開市場操作，將這些貨幣放到商業銀行。商業銀行拿到這些貨幣之後，可以增加對企業的貸款力度。企業如果發現今年容易拿到貸款，便有衝動進行更多的投資。這時，企業雖然有了更多的錢，但是並不會馬上給員工漲工資。過了一段時間後，企業的利潤增加了。員工發現，市場上很多企業都在賺錢，就意識到現在可以向老闆提漲工資的要求。而企業有了比以往更多的利潤，也有能力為員工漲工資。這樣，工資性收入開始增加。員工的工資上漲，就能有更多的錢用於消費。商場、飯店等服務提供商發現顧客不斷增加，它們便有了提高價格的可能。於是商品價格開始上漲，社會的整體通

貨膨脹發生了。但是在這個過程中，貨幣逐漸向不同行業擴散，經濟增長得以實現。由此可見，較為溫和的通貨膨脹不僅不會對社會有害，還能刺激經濟的增長。2008 年「次貸危機」之後，美國實行了多次「量化寬鬆」政策，其實際上是想通過增加貨幣供應量，推動溫和的通貨膨脹，從而達到復蘇經濟的目的。

很多國家為了保持貨幣的穩定，直接選擇將美元作為本國貨幣，有些國家或地區通過貨幣局制度，讓自己的貨幣緊緊「盯住」美元，這便給了美元一個巨大的好處：美元變成了世界貨幣。本國政府印發本國貨幣，實際上是對本國人民徵稅，該稅被稱為「鑄幣稅」。如果所有德國人一共擁有 1,000 億德國馬克的現金，這時，德國中央銀行再發行 1,000 億德國馬克的現金，就意味着政府將每個人的錢都「稀釋」成原來的 1/2。這些錢投入市場之後，原來的商品價格如果為 1 元，現在就會變為 2 元。每個德國人並沒有因為政府印發貨幣而得到更多財富，但商品價格卻漲了一倍，這便相當於民眾被徵收了 50% 的稅。

由於幾乎所有國家的外匯儲備都是美元，因此，多印發美元意味着美國政府不僅向本國民眾「徵稅」，還向其他國家民眾「徵稅」。因為隨着美元發行量的增加，每個國家手裏美元的外匯儲備都會貶值。這也是別的國家，比如日本、英國實行「量化寬鬆」政策時，沒有國家反對，而美國實行「量化寬鬆」政策時，其他國家幾乎都反對的原因。

為什麼明明租房更划算，房價卻還是這麼高？

房子的基本價值是用來住的，所以，房子不管是自己的還是租來的，只要能夠提供相同的「服務」，也就是只要能用來住，就提供了相同的價值。從這個角度來說，一套房子現在的成交價格應該和這套房子未來能夠收回的租金相同，這樣，這套房子才是物有所值的，這是房租與房價之間的基本關係。如果現在房子的銷售價格過高，我們完全可以選擇租房子，因為省下來的錢可以用以儲蓄或者消費。用簡單的數字來做說明，理論上，如果一套房子的產權是 70 年，每個月的租金是 1 萬元，一年租金是 12 萬元，70 年的租金是 840 萬元，即這套房子的最高價格應該是 840 萬元。但是現在，在北京、上海、深圳這些一線城市，租金 1 萬元一個月的房子的價格大多超過 1,000 萬元。並且，金錢是有時間價值的，今年的 1 萬元與明年的 1 萬元的價值完全不同，今年的 1 萬元與 70 年後的 1 萬元的價值也完全不同。那問題就來了，所有人都知道租房比買房便宜，那為什麼房價還這麼高呢？

金錢的時間價值

今年的 1 萬元與一年之後的 1 萬元價值不同，它們的價值差可以用利率來計算。如果利率是 5%，那麼今年的 1 萬元就應該與明年的 10,000 元 ×(1+5%)=10,500 元相同。換句話來說，在利率是 5% 的情況下，明年的 10,500 元與今年的 10,000 元相同。如果利率變為 10%，那麼今年的 1 萬

元就相當於明年的 11,000 元。如果利率為 2%，那麼今年的 1 萬元應該與明年的 10,200 元的價值相同。我們再反過來看，如果利率是 5%，那麼明年的 1 萬元與今年的多少錢相同呢？我們要把上面的計算過程反過來，即 10,000 元 /(1+5%)=9,523.8 元。如果利率為 10%，那麼明年的 1 萬元，就相當於今年的 10,000 元 /(1+10%)=9,090.9 元。如果利率為 2%，那麼明年的 1 萬元，就相當於今年的 10,000 元 /(1+2%)=9,803.9 元。

將明年的錢計算為今年的錢的過程叫「現值計算」，即把未來的錢計算成現在的。那麼後年的錢呢？計算過程一樣，如果利率為 5%，今年的 1 萬元到了後年就變成 10,000 元 ×(1+5%)：=11,025 元。後年的 1 萬元，相當於今年的 10,000 元 /(1+5%)2=9,070 元。那麼，70 年後的 1 萬元相當於今年的多少錢呢？ 10,000 元 $/(1+5\%)^{70}$=328.66 元。也就是 70 年後的 1 萬元只相當於今年的 328.66 元。我們可以這麼理解，如果利率是 5%，現在的 328.66 元，把它以複利的形式存到銀行，那麼 70 年後是 1 萬元。

如此來看，如果每年拿到 12 萬元的租金，連續拿 70 年，價值應該遠遠小於 840 萬元。如果每年拿到 12 萬的租金，連續拿 70 年，並且市場利率是 5%，那麼拿到的所有錢的現值是 232 萬元。也就是説，你當下擁有 232 萬元和每個月拿 1 萬元的租金且連續拿 70 年的價值相同！如果理解這個問題有難度，那我們來看另一個例子。假設因為拆遷，

你拿到了 1,000 萬元的拆遷款，這個錢以現金的形式放在你的手裏，似乎不合適。於是，你諮詢銀行，想讓銀行給你推薦一個理財產品。理財經理考慮之後，為你量身定做了一款理財產品。你把 1,000 萬元全部存到這家銀行，作為回報，銀行每年給你 20 萬元，並且這 20 萬元是無期限的。只要有人拿着合同過來，銀行就同意支付給他 20 萬元。也就是說，子子孫孫每年都能到銀行拿到 20 萬元。他告訴你：「經過前面 50 年的領取，你就可以把所有本金都拿到了。50 年之後，不管是你來，還是你的孩子、孫子來取錢，都是在拿紅利了。」這個理財產品是不是很誘人？

在你做決定之前，我給你一個選擇。假設現在的市場利率是 2.5%，這已經很低了，2015 年之前的 5 年期固定存款利率曾經達到 5% 以上。在 2.5% 的利率下，你將 1,000 萬元作為存款存到銀行，每年能夠拿到 1,000 萬元 ×2.5%=25 萬元的利息。並且，你可以永遠不動本金，每年取出利息。這樣，不管到什麼時候，只要利率為 2.5%，你就能取到 25 萬元的利息。這麼看來，那個理財經理的方案並不合適，問題出在哪裏呢？答案是未來的錢和現在的錢的價值並不相同，不能簡單地加起來。如果現在的利率是 2.5%，那麼在銀行存入 800 萬元，每年能拿到的利息收入是 800 萬元 ×2.5%=20 萬元。因此，那個理財經理提供的方案的實際價值是 800 萬元。

我們用數學方法計算現值，可以用下面的公式。假定

利率是 r，每年的收入是 20 萬元。第一年的收入現值是 20 萬元 / (1+r)，第二年的收入現值為 20 萬元 /(1+r)²。如果連續兩年，每年的收入都是 20 萬元，那麼這兩年的收入現值就是 20 萬元 /(1+r)+20/(1+r)²。如果連續五年的收入都是 20 萬元，這五年的收入現值就是 20 萬元 / (1+r)+20 萬元 / (1+r)²+20 萬元 / (1+r)³+20 萬元 / (1+r)⁴+20 萬元 /(1+r)⁵。如果是永久的收入，每年都是 20 萬元，現值是 20 萬元 /(1+r)+20 萬元 /(1+r)²+20 萬元 /(1+r)³+20 萬元 / (1+r)⁴+20 萬元 /(1+r)⁵+……20 萬元 /(1+r)ⁿ(n 為無限大) 這是一個等比數列，通過公式，我們知道這個無窮數列的結果為 20 萬元 /r。即如果利率是 5%，那麼現值就是 20 萬元 / 0.05=400 萬元，如果利率是 4%，那麼現值就是 20 萬元 / 0.04=500 萬元。

永久產權和 70 年產權到底差多少？

瞭解了現值的概念之後，我們再來看一個網上經常討論的例子。許多國家的私人房產都是永久產權，中國的則是 70 年產權，那麼 70 年產權與永久產權是不是差很多呢？要想比較兩者的差別，還是要計算現值。我們假定每年房子可以為業主帶來 a 元的收益，這個收益可以通過租金收入的形式來體現。其實，我們計算時會發現，兩者每年到底帶來多少收益並不重要。假定銀行利率是 r。那麼，永久產權能夠帶來的收益就是 a/r，這可以通過剛才的公式計算得到。70 年產權的房子帶來的收益是 a/(1+r)+a/(1+r)²+……a/

$(1+r)^{70}$。只要連續計算 70 個數值,並相加就可得到,其實,這也有一個公式,70 年的收益現值是 $a \times [1-1/(1+r)^{70}]/r$。兩個現值進行比較,可得知 70 年產權的現值是永久產權的 $1-1/(1+r)^{70}$,那麼這個數到底是多少呢?如果 r 是 5%,那麼這個數就是 0.967。也就是説,如果市場利率是 5%,那麼 70 年產權相當於永久產權的 96.7%。如果 r 是 10%,那麼這個數就是 0.9987,也就是説,如果市場利率是 10%,那麼 70 年產權相當於永久產權的 99.87%。如果 r 是 2%,那麼這個數就是 0.7499,也就是説,如果市場利率是 2%,那麼 70 年產權相當於永久產權的 74.99%。如果 r 是 4%,那麼這個數就是 0.9357,也就是説,如果市場利率是 4%,那麼 70 年產權相當於永久產權的 93.57%。從這個角度來看,70 年產權與永久產權的差距並沒有我們想像的那麼大,保守估計,市場的投資回報率,或者説國際上公認的比較合理的長期利率應該是 4%,也就是説,70 年產權應該相當於永久產權的 93.57%。

漲價的預期,推高了房價

現在,我們回答這個問題:為什麼房租這麼便宜,房屋價格還這麼高呢?

第一個方面,我們計算時沒有考慮房屋本身的增值。如果房屋的價格不上漲,那麼僅僅考慮房租,並計算現值是完全沒問題的。但是,考慮到未來房屋價格的上漲,並且在當前環境下,中國房屋價格每年的上漲幅度很大,這就造成了

人們對房屋價格還會繼續上漲的預期。在這種預期下，房屋的性質就發生了改變，房屋不僅是用來住的，還擁有了投資的屬性；因此，現值計算時必須考慮房屋未來增值的可能，將這部分價值加入現值中，房屋的現價就肯定會漲起來。在發達國家，由於房屋價格的上漲幅度並不是那麼大，房租的現值接近於購買房屋的價格，這也就是發達國家很多人願意租房而不願意買房的原因。

第二個方面，國家對租房市場的保護不夠。國外成熟的租房市場對承租方有較為完善、全面的保護。比如，租房時重要的一條原則是「買賣不破租賃」原則，也就是説不管房屋的所有人是誰，都應該保護租戶的利益。這意味着，當房子處於承租狀態的時候，業主是沒有辦法將租戶「趕」出去的，即使房屋所有人發生了改變，原來的合同也是有效的。但在中國，由於法律對承租方的保護力度不夠，常常發生房屋所有人以任意理由將房子收回的情況。在一些旅遊城市就有過類似的情況，當這個城市的旅遊業還不發達的時候，房屋租金不高，租戶以較低的價格承租了房屋。幾年後，旅遊市場逐漸成熟，租戶的收入在增加，房屋所有人就開始以各種理由增加租金或者試圖終止合同。正是這種法律制度的不健全，使公眾更傾向於買房而不是租房，這也就不斷推高了房屋的價格。

只有黃金才是硬通貨

當你辛辛苦苦賺錢的時候，有沒有想過一個問題：付出

那麼多的努力，僅僅得到幾張紙，真的值得嗎？也有人可能會說：只有黃金才是硬通貨，紙幣是靠不住的。確實，歷史上很多國家都是將黃金作為基本貨幣。白銀也曾經大面積流通，比如中國古代就以白銀作為流通貨幣，但白銀和黃金有一個基本的兌換比例，人們使用白銀也是因為它可以按一定的比率兌換成黃金。那麼，你努力後僅僅得到幾張紙，真的值得嗎？你所獲得的並不僅僅是幾張紙，而是這個社會給你的「信用」。我們下面就來看看，信用是怎麼在社會中發揮作用的。

現代貨幣的本質是「信用」

第一次世界大戰之前，各國採用的貨幣政策都是基於金本位的，也就是每個國家雖然發行紙幣，但是規定紙幣可以以一定的比例兌換成黃金，各國政府都有義務隨時給公眾兌換黃金。為什麼有了黃金，政府還要發行紙幣呢？原因是全球的黃金產量是一定的，這會造成一個問題，那就是隨着市場交易量的不斷增加，黃金遠遠不夠，這會影響市場的繁榮。理論上，紙幣的供應沒有極限，因此不會影響市場的繁榮程度。但為了讓人們放心使用紙幣，政府承諾黃金可以與紙幣兌換。「一戰」之後，雖然各國還承諾在金本位的基礎上發行紙幣，但是在經濟普遍增長，各國都需要大量貨幣來滿足本國市場的情況下，每個國家都希望大量黃金流入本國，不希望黃金流入其他國家。於是，歐洲的主要國家都用行政命令的方式禁止黃金流出，但通過這種方式留在本國的

黃金依然沒有辦法完全滿足市場的需求。隨着本國國內經濟的增長，貨幣需求量隨之增加，於是各國開始降低黃金與紙幣的兌換比例。正是這種對黃金的需求加大了各國之間的矛盾，由此造成了國際衝突的加劇以及國內經濟危機的爆發，這也是第二次世界大戰爆發的經濟原因。

鑒於兩次世界大戰之間的那段時間，各個國家的貨幣相繼貶值，造成市場動盪，美國便提出並建立起了佈雷頓森林體系（Bretton Woods System）。佈雷頓森林體系的核心內容是，各國的貨幣和美元掛鈎，美元和黃金掛鈎。當時，國際確立了 35 美元可以換購一盎司黃金的官方標準。即其他國家可以隨時拿美元向美國政府要求兌換黃金。佈雷頓森林體系讓美元擁有了「世界貨幣」的地位，從此之後，美元成為國際清算的支付貨幣和各國的主要儲蓄貨幣。佈雷頓森林體系為「二戰」之後國際經濟的復蘇打下了堅實的基礎。通過美元和黃金掛鈎的形式，各國可以不再競相儲存黃金，只要儲存美元即可，而美元本身的供應量實際上是無窮的。

隨後的 10 多年，由於世界上很多國家的經濟都依賴美國，它們主要向美國購買貨物，這樣，它們實際上就需要將黃金支付給美國。在這種情況下，美國承諾的美元與黃金的兌換比例是可行的。20 世紀 60 年代之後，歐洲以及日本等國經濟發展起來，這些國家與美國之間的貿易發生了改變，美國逐漸需要向這些國家購買商品。雖然在購買商品時，美國支付的是美元，但隨着這些國家儲備的美元增多，它們開

始要求美國將兌現黃金的承諾付諸實踐。1968 年 3 月的前半個月，美國黃金儲備流出了 14 億多美元，僅 3 月 14 日一天，倫敦黃金市場的成交量便達到了 350 噸 -400 噸，破了紀錄。在這種情況下，美國失去了維持美元與黃金掛鈎的能力，於是佈雷頓森林體系瓦解。其他國家也逐漸放棄了本國貨幣與美元的固定匯率，而是轉為「浮動匯率」，這意味着，市場上如果對某種貨幣的需求增加，這種貨幣的價格就升高；如果對某種貨幣的需求減弱，這種貨幣的價格就降低。

　　隨着佈雷頓森林體系的徹底瓦解，當今世界的貨幣政策完全建立在「信用」的基礎上。實際上，紙幣本身的價值並沒有多少，但當我們認為它有與它的面值相當的價值時，它便擁有了這樣的價值。2016 年 11 月，印度發佈了「廢鈔令」，廢除當時在市場上流通的面值為 500 元與 1,000 元的盧比鈔票。一夜之間，印度的 500 元與 1,000 元鈔票不能再在市場上流通，存有鈔票的人只能到銀行將這些鈔票兌換成新幣才能繼續使用。由此可見，每個人手中的錢都是建立在「信用」的基礎上的，如果這些錢被宣佈沒有了原有的價值或者所有人都不再接受這些紙幣，那麼，這些錢就變成了廢紙。

　　前面討論過的「銀行擠兌」問題，也是對信用體系的一個說明。而佈雷頓森林體系遺留下來的一個問題，也引起了公眾對「信用」問題的討論。在佈雷頓森林體系下，隨着德國經濟的復蘇，它賺到了大量的美元資產，並將其換成了黃

金。由於當時處於冷戰時期，德國擔心華約組織（Warsou Pact）會入侵，所以沒有將黃金運回本國，而是放在了紐約美聯儲大樓的樓底下。其實不止德國，很多國家基於各種考慮也將黃金存儲在那裏。據美聯儲官網數據，截至 2015 年，這裏的金條約有 508,000 根，重達 6,350 噸，其中將近 2,000 噸的黃金屬德國。美聯儲的黃金儲量佔全球官方儲備的 25%-30%，但其中只有 5% 的屬美國。更為引人注意的是，對於這麼多存放在美聯儲的黃金，德國從 20 世紀 50 年代開始就沒有審計過。

21 世紀之後，有德國官員曾遞交申請，希望德國總理可以對德國存放在美聯儲的黃金進行一次審計，當時的德國總理也表態希望對這些黃金進行審計。但隨後不久，德國總理宣佈放棄對這些黃金進行審計的計劃，並且公開宣佈，不會到美聯儲對這些黃金進行查看。為什麼？原因在於美聯儲並不會真的將這些黃金存儲在大樓下面，它會存儲一部分黃金，比如 600 噸，也就是總量的 10%，以供其他國家兌換。其他的大量黃金會被貸出去，用來增值。德國總理知道，依美國強大的經濟實力，如果德國提出將所有黃金運回，美國是可以辦到的，但是德國真的要到美聯儲樓下去查看黃金，很可能會向世界公佈一個事實：美聯儲沒有那麼多黃金。這樣，日本、英國等國的民眾會對政府施加壓力，要求將存儲在美國的黃金運回，於是其他國家對美聯儲的「擠兌」便發生了。美聯儲迫於壓力，一定會大量回購黃金，這會造成國際黃金市場的動盪，並摧毀美元的國際貨幣地位，導致美元

的急劇貶值。而其他國家的外匯都是以美元的形式存儲，這會導致外匯儲備的大量貶值，由此造成的是「雙輸」的結局。可見，國際市場、國際貿易也是建立在「信用」的基礎上的。德國不查看自己的黃金儲備，也是基於維護信用的考慮。

金融大鱷索羅斯如何狙擊泰銖

自佈雷頓森林體系瓦解之後，大部分國家放棄了固定匯率，轉而採用浮動匯率，浮動匯率是根據市場上的供求關係確定的。我們來看泰銖和美元之間的關係，如果現在市場上對泰銖的需求很旺盛，那麼，有很多人希望用美元來買泰銖，這時，泰銖的匯率就會上升，與此相對應，美元相對於泰銖的匯率會下跌。如果市場上對泰銖的需求疲軟，或者大家想要將泰銖換成美元，那麼，泰銖的匯率會下跌，美元相對於泰銖的匯率會上漲，這便是浮動匯率的意義。

實踐中，由於國際貿易頻繁，為了穩定市場，一些國家都使用自己的外匯儲備來將匯率穩定在一個平穩的水平，甚至是固定水平。比如，泰國政府發現旅遊旺季來臨或者年景好的時候，很多國家的人會來泰國旅遊或者其他國家的企業會購買泰國的產品，這時，其他國家的公民或者企業需要將手裏的美元換成泰銖進行消費，泰銖相對於美元會升值。反之，當旅遊淡季來臨或者年景不好的時候，泰銖就會貶值。這種頻繁變動的匯率會對經濟造成不好的影響，在年景好的時候，別國消費者可能由於泰銖升值而選擇不來泰國消費；年景差的時候，泰銖雖然貶值，但別國消費者也沒有意願

來。因此，為了穩定市場預期，泰國政府會動用本國的美元儲備。當泰銖面臨貶值壓力的時候，也就是市場上有較多的人想要賣出泰銖時，泰國政府就反向操作，賣出美元、買進泰銖，抑制泰銖的貶值。當泰銖面臨升值壓力的時候，也就是市場上有較多人想要買進泰銖時，泰國政府就賣出泰銖、買進美元，抑制泰銖的升值。

1997 年之前，泰國政府一直通過這種方式將泰銖的匯率穩定在一個固定水平，當時的匯率大概為每 25 泰銖兌換 1 美元。索羅斯（Soros）認為其中有賺錢的可能，他先籌集了 10 億美元的美元債券，提前半年，將這些美元債券抵押給泰國政府，兌換成 250 億泰銖，約定在 1 年之後，歸還 250 億泰銖，換回這些債券。半年之後，索羅斯把這些泰銖在市場上賣出，對泰銖造成貶值的壓力。當時泰國政府大概有 400 億美元的儲備，索羅斯只有價值 10 億美元的泰銖，按理說，只要泰國政府在外匯市場上把這些泰銖買回來就能保持泰銖的穩定匯率。畢竟，10 億美元對於 400 億美元的外匯儲備來說只是很小的比例。但索羅斯在外匯市場上賣出泰銖的同時，在期貨市場上對泰銖唱空，也就是只要泰銖下跌，索羅斯就能賺到錢。索羅斯在期貨市場上的投入額也為 10 億美元，但期貨市場上有槓桿效應，當時的槓桿率為 10%，也就是索羅斯可以在期貨市場上賣出 100 億美元的泰銖。期貨市場上賣出的 100 億美元，對於泰國外匯儲備來說，已經算不少了，不過看起來，泰國政府還是能應付的。但隨着索羅斯賣出大量泰銖，市場上出現了恐慌，也就是很

多人都預期泰銖會貶值。因此，其他人也開始賣出泰銖，即發生了類似「銀行擠兌」的現象。

當賣出了大約 200 億的美元儲備時，泰國政府意識到自己沒有辦法應對持續的大量泰銖賣出，於是，泰國政府開始對泰銖進行貶值。泰銖從 25 泰銖兌 1 美元降到 30 泰銖兌 1 美元，這恰恰印證了外匯市場投資者的恐慌預期。大家意識到，泰銖已經開始貶值，並可能會繼續貶值。於是，更多人開始賣出泰銖，泰銖繼續貶值。當泰國政府的外匯儲備最終耗光時，泰銖只能採用浮動匯率，泰銖的大面積貶值開始了。最終，市場上大約有 1,000 億美元的資金來衝擊泰銖，泰銖的匯率降為 50 泰銖兌 1 美元。這樣，索羅斯用 5 億美元購買了 250 億泰銖，換回當初抵押在泰國政府的 10 億美元債券。索羅斯在泰國政府那裏通過債券的形式賺取了 5 億美元。而在期貨市場，隨着泰銖的貶值，索羅斯賺到了多達幾十億美元的利潤。

索羅斯正是通過破除泰國政府信用的方式，使用 10 億美元的資本，撼動了泰國政府 400 億美元的外匯儲備，並賺到了幾十億美元的利潤。1 年之後，索羅斯又在國際市場上開始唱空港幣，想要用同樣的方式來對港幣進行狙擊。香港的外匯儲備規模與泰國相當，如果不出意外，索羅斯依然能夠在香港外匯市場上獲得高額的利潤。但中國政府在國際上發佈了一項聲明，那就是中國政府願意動用所有外匯儲備保證香港港幣匯率的穩定。這份聲明有效阻止了索羅斯對

港幣的狙擊，原因是中國的外匯儲備要比泰國和香港的總和還要多得多，索羅斯無法通過一己之力耗光中國的所有外匯儲備。也正是這個原因，一紙聲明就能穩定國際市場上的預期，能夠為港幣的信用做擔保，從而避免港幣重蹈泰銖的命運。

人民幣與美元如何愉快地玩耍？

我們大致瞭解了匯率的形成過程，也知道了浮動匯率是根據市場的供需關係形成的。現在，我們想知道的是，匯率到底意味着什麼。拿人民幣兑美元的匯率來説，1949 年以來，人民幣兑美元的匯率經過了幾次重要的調整。在計劃經濟時代，西方國家普遍對中國實行經濟封鎖，而中國對外的經濟貿易主要體現為幾個外貿公司的經營活動。個人對外匯的需求很少，當時的外匯事務由中國銀行統一管理。與之相適應，當時人民幣兑美元的匯率是官方制定的固定匯率。這時的固定匯率只是作為編制計劃和經濟核算的標準，只在外國貨幣貶值或升值時做相應調整，人民幣匯率與對外貿易聯繫並不密切。很長一段時間內，人民幣兑美元的匯率維持在 2.4618 元人民幣 / 美元的水平，不過也曾達到 1.5 元人民幣 / 美元的高位。

從改革開放到 1993 年，中國實行的是雙重匯率制，也就是官方會公佈人民幣與美元的兑換價，企業或者個人到銀行兑換貨幣時，採用這個匯率；同時，也允許市場根據實際確定一個市場調節價，企業和個人可以在市場上根據市場

價格進行人民幣與美元的兌換。1994 年開始，中國取消雙重匯率制，開始實行固定匯率，匯率固定在 8.7 元人民幣／美元到 8.2 人民幣／美元的水平。之後 11 年的時間，人民幣兌美元的匯率一直穩定在這一區間，很少發生大的變動。2005 年開始，人民幣與美元的兌換比率開始下降，逐漸變為 6 元多人民幣兌換 1 美元。

不同階段，人民幣匯率都有哪些意義？

首先，匯率的意義是什麼呢？在資本市場上，一國的貨幣價值較高，就意味着這個國家貨幣的需求較大。在貿易方面，如果 1 美元能夠兌換 4 元人民幣，就意味着同樣一件商品，應該通過匯率換算之後，在兩個國家賣同樣的價格。也就是說，一個漢堡在中國賣 4 元人民幣，在美國就應該賣 1 美元，這樣，漢堡在兩個國家的價格才相等。如果不一樣，就意味着「套利」可能性的存仕。比如，漢堡仕中國賣 4 元人民幣，在美國賣 2 美元，根據 4 元人民幣／美元的匯率，就意味着在美國這個漢堡的價格為 8 元人民幣。這樣，在中國花 4 元人民幣買一個漢堡，到美國再以 2 美元的價格賣出去，把 2 美元換成人民幣可以變成 8 元人民幣，購買者就能在這一單生意中獲得 4 元人民幣的利潤。當然，對於這個人來說，他會面臨着運輸成本、食物變質等問題。但是對於石油、鋼鐵、煤這樣標準化的產品，並且運輸成本隨着貿易量增大可以忽略不計的情況下，套利是可能的。當市場上套利行為不斷增多的時候，匯率就會發生變化。為了理解方便，

我們還以漢堡為例，如果越來越多的人從中國買漢堡到美國去賣。那麼，越來越多的人會用美元來換人民幣，這樣，人民幣的需求不斷增加，便面臨着升值的壓力。於是，人民幣會不斷漲價，直到人民幣兌美元的匯率變成 2 元人民幣／美元為止，此時，漢堡在中國賣 4 元人民幣與在美國賣 2 美元是相同的，套利行為便不存在了。貿易市場便是通過套利行為使外匯市場達到合理水平的。

這裏需要説明的是，習慣上，人民幣與美元的兌換採用的是人民幣／美元這個單位。在這個單位下，數值的增大標誌着人民幣的貶值，數值的減少標誌着人民幣的升值。也就是説，當人民幣與美元的兌換價格從 6 元人民幣／美元變為 8 元人民幣／美元時，人民幣貶值、美元升值；當人民幣與美元的兌換價格從 6 元人民幣／美元變為 4 元人民幣／美元時，人民幣升值、美元貶值。

人民幣貶值好，還是升值好？

人民幣到底是貶值好，還是升值好呢？有人説，考慮到愛國情結，匯率應該是越高越好；有人説，匯率低能夠促進出口，所以，匯率應該越低越好。其實，匯率對不同的人有不同的含義；因此，不能單純地説匯率越高越好，或者越低越好。當人民幣貶值的時候，1 美元能夠兌換的人民幣增多，外國人能以更低的價格買到中國的產品，這時，出口就會增加，這對中國企業的出口是好事。當人民幣升值的時候，意味着 1 美元能夠兌換的人民幣減少，1 元人民幣能夠兌換的

美元增多；這樣，外國產品對於中國人來説，價格便會變低。這時，對於進口來説就是好事，而中國消費者的購買能力也會變強，能夠購買更多的國外產品。由此可見，人民幣的貶值和升值對不同的人會產生不同的影響。

計劃經濟時代，中國企業多為國有企業，並且以進口國外的產品為主，為了讓企業更好地生存，採用了較高的匯率，當時為 2 元人民幣／美元左右，這有利於中國企業進口外國產品。

改革開放後，中國一度實行雙重匯率制，官方的匯率為 5 元人民幣／1 美元，同時，允許市場匯率的存在。在市場上，人民幣兑美元的匯率為 8 元人民幣／美元。這實際上是在給企業福利，當企業想要從國外進口產品的時候，可以採用官方的匯率 5 元人民幣／美元，採購原材料。當企業的產品出口時，可以將賣出產品得到的外匯，以 8 元人民幣／美元的匯率兑換成人民幣。一方面，中國企業的對外競爭力增強；另一方面，隨着出口產品的增多，中國政府能夠得到更多的美元儲備。理論上，如果每個人或者每個企業都可以自由買進或賣出美元，雙重匯率制提供了「套利」的空間。比如，從官方渠道以 5 元人民幣／美元的匯率買進美元，然後再到市場上，以 8 元人民幣／美元的匯率賣出美元；這樣，一次買賣可以套利 3 元人民幣。為了防止這種套利行為的發生，政府採用了「外匯管控」的方式，對民眾能夠購買的外匯額度進行限制，有效地防止了套利行為的發生。

　　1994 年開始，雙重匯率制變成單一匯率制，官方、市場的匯率統一為 8 元人民幣／美元。在統一匯率的過程中，政府將匯率定為較低的一檔。這意味着，出口企業的產品相對來說更加好賣，也就是會刺激出口量的增加。隨着出口量的不斷增多，10 多年的時間裏，中國外匯儲備不斷增長。現在，中國成為外匯儲備，特別是美元儲備最多的國家。那麼，是不是外匯儲備越多越好呢？

為什麼中國成為美國最大的債權人？

　　當中國擁有了外匯儲備後，企業會發生什麼呢？中國企業將產品出口到國外，獲得了美元。想要在國內使用這些美元，企業必須將它們換成人民幣。於是，企業會將這些美元在銀行兌換成人民幣。這些美元到銀行後，就變成了外匯儲備——美元儲備。如果企業獲得的是日元，那麼它們就會變成日元儲備。銀行將這些外匯統一交給中央銀行，中央銀行會對這些外匯進行統一管理。外匯儲備的一個好處是可以穩定外匯市場，比如泰國有足夠的美元儲備，便能避免 1998 年的金融危機。但是，中央銀行並不會將這些美元存在金庫不使用，因為只是放着，會造成浪費。由於美國是美元的主要使用國，中央銀行會把美元儲備投到美國，以賺取利息收入。

為了避免風險，保證美元儲備的價值，中央銀行多數情況下會選擇購買美國債券來存儲美元。這樣，在中央銀行手裏的實際上是美元債券。隨着中國政府的美元儲備不斷增多，購買的美元債券也在不斷增加，在這種背景下，中國成了美國政府的最大債權人。成為最大債權人並不意味着中國政府有特權，反而意味着風險的增大。由於美元債券是以美元結算的，比如我們今年購買 100 美元的美元債券，明年美國政府應支付 104 美元的到期債務。等到第二年，美國政府完全可以通過多發行貨幣的方式，來稀釋這些債券的價值。極端一些，當債務到期時，美國政府可以直接發行相應面值的債券支付給債權人，這便會導致中國外匯儲備價值的降低。

　　實際上，2009 年以來，隨着美國「量化寬鬆」政策的推行，美元開始了逐漸貶值的歷程，這也導致中國外匯儲備價值的下跌。為了應對這一困境，中國開始逐漸減少美元儲備總量，並逐漸增加歐元、日元等外匯儲備量。當外匯儲備中一國貨幣儲備量佔比過大的時候，會使風險增大。當外匯以多國貨幣進行儲備時，風險會降低。比如都是美元儲備，美國經濟的漲跌就會造成外匯儲備價值的忽高忽低，但是如果外匯儲備中有美元、日元、歐元等多類貨幣，其中任何一個國家經濟的好壞對外匯儲備的影響都會變小。

第四課

一切社會問題，都是經濟問題

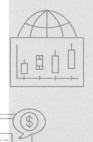

　　經濟學的本質是讓人學會如何做出選擇，生活中的很多問題看似錯綜複雜，難以解決，但如果能將經濟學的思想融人其中，獲得正確的解決方法就不是不可能了。本課主要討論貧富差距、創業以及金融方面與每個人息息相關的問題。

沒有了貧富差距會如何？

　　由於人與人之間是有差異的，比如每個人的身體素質不同，智力水平也有高有低，出生時家庭財富也不同，貧富差距也就成為每個社會不可避免的現實。「人生而平等」的觀念在我們的教科書裏存在了多年，因此，一提到貧富差距，很多人可能無法接受，但貧富差距其實也有積極作用。改革開放前的中國社會可以説是一個較平等的社會，貧富差距非常小。但是當時的社會，一方面「吃大鍋飯」的思想盛行，所有人都希望有一個「鐵飯碗」；另一方面，社會制度的安排並不鼓勵大家去創業、追求財富，這導致改革開放前的社會活力水平極低。由此可見，如果一個社會沒有了貧富差距或者貧富差距過低，社會活力就得不到激發。實際上，適當水平的貧富差距可以激發人們的創新精神並促使人們對物質財富進行追求。

基尼系數越高，貧富差距越大

　　一個社會的貧富差距水平可以用基尼系數（Gini Coefficient）來表示。基尼系數介於 0~1 之間，基尼系數越大，表示社會的不平等程度越高。如果一個社會的基尼系數是 1，表示居民的收入分配絕對不公平，也就是社會中 100% 的收入都被一個人佔有。如果一個社會的基尼系數是 0，表示居民的收入分配絕對公平，也就是這個社會的所有人獲得的收入完全一樣，沒有一絲差異。這兩種情況只是理論上的絕對化形式，在實際生活中一般不會出現。我們通常認為，基尼系數

低於 0.2 表示收入過於公平，而 0.4 是警戒線；因此基尼系數應該保持在 0.2-0.4 之間。低於 0.2 表示社會動力不足，高於 0.4，社會將會不安定。中國改革開放前的基尼系數為 0.16（絕對平均主義造成的），2007 年已經超過警戒線 0.4 達到了 0.48，不過有關專家曾估計，由於部分群體隱形福利的存在，當時的基尼系數已經超過了 0.5。當前，中國基尼系數高於所有發達國家（如日本基尼系數為 0.3-0.35）和大多數發展中國家，這應該引起高度警惕，否則將會引發一系列社會問題，進而造成社會動盪。

雖然貧富差距可以有效地激發社會活力，但是現階段，貧富差距過大已成為困擾世界的一個難題。2017 年，瑞士信貸公司（Credit Suisse）發佈的一項報告顯示，現在世界的財富在不斷向頂層人士集中。現在全球最富有的 1% 的人口擁有全球財富的 50.1%，遠高於 2001 年 45.5% 的水平。同樣是在 2017 年，華盛頓智庫政策研究所（Institute for Policy Studies）發表的《「生而有幸」為富人》（*Billionaire Bonanza*）年度報告顯示，美國最富有的三個人——貝索斯（Bezos）、蓋茨（Gates）和巴菲特（Buffett）的財富，超過了 1.6 億美國人或 6,300 萬個美國家庭的財富總和，它相當於一半美國底層人口的財富總和。在美國，400 位富豪的總財富為 2.68 萬億美元，等於美國 64% 的人口（即 2.04 億人）的財富總和。而相比之下，美國家庭淨財富的中位數是 8 萬美元（不包括汽車），400 位富豪的總財富相當於 3,400 萬個典型的美國中產家庭的財富。與此同時，美國

19% 的最底層家庭陷入財務困境，它們被稱為「溺水家庭」（underwater household），即家庭淨財富為零甚至是負數，這種現象在少數族裔中更常見，有 14% 的白人家庭劃歸此類，在非裔和拉丁裔中的比例分別為 30% 和 27%。

其實，貧富差距增大並不可怕，只要能夠通過努力，有才華、肯努力的低收入人士有機會成為高收入人士，那麼貧富差距便會成為激勵社會發展的一項動力。我們可以根據收入的高低將不同的人分在不同的社會空間位置中，個人收入水平的變動便可以稱為社會垂直流動。一個良性的社會應該能讓個人從低收入群體流入高收入群體，也能夠從高收入群體流入低收入群體，這樣的社會垂直流動可以分為代內流動和代際流動。如果一個人在一生中發生了收入水平的轉變，從低收入轉為高收入或從高收入轉為低收入，那麼，這樣的流動被稱為代內流動。如果這樣的流動是發生在不同代之間的，那就是代際流動，即相比於父輩，子輩的收入水平與父輩不同，不管是子輩從高收入群體流入低收入群體，還是從低收入群體流入高收入群體，這樣的變化都是代際流動。

為什麼富人越來越富，窮人越來越窮？

在前面討論過，個人的收益可以分為資本性收益和勞動性收益。簡單來說，資本性收益是個人因為掌握某些資源而得到的收益，比如個人因為擁有土地資源或者擁有大量的財產，而得到的收益。勞動性收益指的是個人通過勞動投入而得到的收益，不管這種勞動是腦力勞動還是體力勞動，都需

要個人投入時間、精力等個人資源，進而才能獲得收入。我們知道，不管是資本性收益還是勞動收益，對於整個社會來說，福利都會增加。但是，資本性收益和勞動性收益卻有另一種社會結果，那就是資本性收益如果過多，會導致貧富差距的加大。

由於資本性收益的來源是個人所擁有的資源，這就意味着由於富人比窮人的資源多，因此富人的資本性收益比窮人的多，而這會讓富人更加富有、讓窮人更窮。《21世紀資本論》（*Capital in the Twenty-First Century*）的作者托馬斯·皮凱蒂（Thomas Piketty）曾用大量的數據證明，近100年來，資本的回報率已經遠遠大於經濟的增長速度，這導致的一個後果就是貧富差距在近100年的時間裏越來越大。由於勞動帶來的收益遠遠低於資本帶來的收益，這就表明，個人通過努力實現從低收入人士向高收入人士的轉變可能性越來越小；而那些現在富有的人之所以富有，很大一部分原因是他的祖輩便是富裕人群。

當貧富差距成為一個社會現實，並且個人通過努力改變收入水平的可能性越來越小，那麼處於社會底層的公眾便會對社會產生質疑，這個社會也必然會陷入動盪。因此，防止貧富差異過大就成為每個國家都面臨的一項重要難題。

稅收讓富人補貼窮人，縮小貧富差距

縮小貧富差距的一個重要工具是稅收。稅收將富人的一

部分財產收過來，補貼給低收入群體，這會讓整個社會的財富重新分配，從而降低社會的貧富差距水平。

現在，各國徵收的稅收的類型多樣，徵收的方式也不同。一種重要的稅收類型是流轉稅，它是在商品交易過程中所徵收的稅。比如，在麵粉交易中，政府對每筆交易徵收一定比例的稅。這樣的稅收，對於窮人來說其實負擔更重。因為不管是窮人還是富人，食物的消耗量差別不會特別大。但是，對於窮人來說，收入比富人低；因此，流轉稅所佔的比例就要比富人的高。比如，窮人和富人每個月消耗的麵粉都是 100 斤，都需要支付 10 元的稅負，窮人一個月的收入是 1,000 元，他這部分稅收的負擔就是 10 除以 1,000，是 1%。富人的月收入是 10,000 元，對於麵粉的稅收，他只需要負擔 0.1% 就可以了。這就意味着，這種稅收對於越富的人負擔越低，該稅收方式被稱為累退稅。

另一種稅收方式是累進稅，是稅率隨課稅對象數額的增加而提高的稅。它是按照課稅對象數額的大小，規定不同等級的稅率。課稅對象數額越大，稅率越高；課稅對象數額越小，稅率越低。累進稅納稅人的負擔程度和負稅能力成正比，它具有納稅人公平負擔的優點。個人所得稅便是一項重要的累進稅。

累進稅又分為全額累進稅和超額累進稅。全額累進稅，是徵稅對象的數額被劃分為若干等級，每個等級分別對應一定的稅率，當稅基超過某個級距時，課稅對象的全部數額

都按提高後級距的相應稅率繳稅。比如，全額累進稅收費的方式為：如果全月應納稅所得額為 5,000 元以下，稅率為 10%；如果全月應納稅所得額為 5,000-20,000 元，稅率為 20%；如果全月應納稅所得額為 20,000 元以上，稅率為 30%。若某人的應納稅所得額為 6,000 元，那麼，他應該繳納的所得稅為 6,000 元 ×20%=1,200 元。

全額累進稅的計算方法簡便，但稅收負擔不合理，特別是在級距的臨界點附近，稅負呈跳躍式遞增，甚至會出現稅額增加超過課稅對象數額增加的不合理現象，不利於鼓勵納稅人增加收入。超額累進稅是把徵稅對象按數額的大小分成若干等級，每一等級對應一個稅率，稅率依次提高，納稅人應納稅所得額則依所屬等級同時適用幾個稅率分別計算，將計算結果相加後得出應納所得稅。

如果全月應納稅所得額為 5,000 元以下，稅率為 10%；如果全月應納稅所得額為 5,000-20,000 元，超過 5,000 元的部分稅率為 20%；如果全月應納稅所得額為 20,000 元以上，超過 20,000 元部分的稅率為 30%。若某人的應納稅所得稅為 6,000 元。那麼，其中 5,000 元的稅率為 10%，超過 5,000 元的部分，也就是 1,000 元的稅率為 20%。這樣，這個人應該繳納的所得稅為 5,000 元 ×10%+1,000 元 ×20%=700 元。個人所得稅採用的便是超額累進稅的方式。超額累進稅讓富人承擔更多的稅負，從而在一定程度上縮小社會的貧富差距。

打工或創業，到底該怎麼選？

　　工作是每個人重要的人生組成部分，因此對工作進行選擇是每個人的重要人生選擇。在選工作時，我們有兩個重要的選項：給別人打工和自己創業。很多人都曾經在打工與創業之間徘徊：我到底應該去創業還是打工呢？其實，對於這個問題，經濟學家給出的簡單方法是對創業的成本和收益進行對比。如果收益大於成本，就應該去創業，如果創業的收益小於成本，那就不應該創業。

沉沒成本

　　這個看似簡單的問題，其中有一個重要難題，就是如何計算創業的成本。比如一個人現在很想創業，也有較好的點子，但是他已經在公司工作了 10 來年的時間，雖然公司的工作氛圍不是很好，工資也一般，可付出了這麼長時間，他不願意就此離開，離開的成本太高。這個成本應該算創業成本嗎？答案是否定的，因為這一成本屬沉沒成本，也就是不管你在這個公司工作多少年，這個成本都回不來了，所以不應該把它列入決策的成本考慮中。

　　如果這個例子不好理解，我再舉一個簡單的例子。幾天前，你花錢買了一張電影票，要去看電影時，你才發現外面下起了雨。現在你面臨的難題是：要不要看電影？大多數人都會在這樣的抉擇面前猶豫：如果去看電影，就需要坐的士，衣服也會被淋濕；如果不去看電影，買電影票的錢豈

不是白花了？如果將金融知識運用到這個抉擇中，選擇就會簡單一些。在買電影票上花的錢屬沉沒成本，也就是不管你去不去看電影，這些錢都是已經花出去的。對於沉沒成本，我們就應該忽略不計，也就是在做選擇的時候，不應該考慮電影票錢這個因素。那麼在這種情況下，你真正應該解決的問題就變成了：看電影得到的收益是否能夠補償你坐的士、衣服被淋濕帶來的成本及損失。如果你覺得這個電影足夠好看，你情願付出租車的錢也願意讓衣服淋濕，那就去看電影。如果你覺得這個電影還沒有好看到這個程度，那就不去看電影。花在電影票上的錢不應該成為你做出選擇的一個因素，因為不管你去不去看，錢都已經付出去了。

從心理學的角度來看，人們在決定是否去做某一件事情的時候，不僅僅會看這件事情對自己是否有好處，有多大的好處，同時也會看自己是否已經在這件事情上有所投入。如果一個人為了某件事情已經支付了一定的成本，不管是時間成本還是金錢成本，支付的成本越多，他就越不願意放棄。但如果將這些沉沒成本納入考慮範圍內，就會讓抉擇變得異常艱難，同時也會因為沉沒成本的加入，而導致最後決策的失誤。

創業者在創業的時候常常面臨的是如何計算沉沒成本的問題。比如，一個創業者選擇了白酒行業作為自己的創業方向。第一年，為了能夠進入白酒行業，他投入 40 萬元租下一個廠房，租期為 5 年，投入 20 萬元購買了一套釀酒設備。第二年，這個創業者發現，在自己進入這個行業之前，白酒

市場已經處於高度飽和狀態。同時，由於自己的產品沒有競爭力，銷量也很難提升。他經過計算後發現，每年的收入根本抵不過人工及材料等可變成本。與此同時，他覺得未來幾年也沒有好轉的跡象。那麼，他應該繼續投入資金堅持下去，還是關閉自己的酒廠呢？考慮到房租、設備的投入，創業者可能不忍心關閉自己的酒廠。但由於未來酒廠運營的成本高於收入，也就是只會產生淨損失，因此房租、設備的投入屬沉沒成本，不應該納入是否繼續經營的成本考慮。

不過，有一些商家運用沉沒成本來賺錢。比如，很多消費者有這樣的經歷，到飯店吃飯的時候，發現飯店有優惠活動，優惠的內容是「消費滿 300 元獲得 50 元代金券」，這時，如果此次消費的金額是 270 元，即使所有人都覺得這家飯店的飯菜並不好吃，等到結帳時，服務員提醒：「你再消費 30 元就可以獲得一張 50 元的代金券」，相信還是有人會選擇接受這個建議，多消費 30 元來換取這張代金券。理由是：反正都消費 270 元了，不在乎多消費 30 元。其實，由於這次消費給你帶來的體驗並不好，你以後可能並不會再來，那麼你應該將 270 元作為沉沒成本，不應該作為你是否願意拿到 50 元代金券的成本來考慮。

機會成本

選擇創業，除了要避免考慮沉沒成本外，還應該將機會成本納入自己的考慮範圍內。一個人如果放棄城市裏的工作，選擇回鄉下去養雞，每年的利潤為 50 萬元人民幣，那

麼他的創業選擇是否明智呢？乍看起來，他養雞的年利潤達到 50 萬元，他似乎可以算是一個成功的創業者了。但是，如果他在城市某個大公司裏做到高層管理者的職位，每年拿的工資是 100 萬元，那麼考慮到他放棄創業，而選擇到公司工作，能夠拿到的收益更高，他的創業就是失敗的。這個成本就是機會成本，即選擇時如果不做當下的事，而是做其他的事，能夠得到的最高收益就是本次選擇的機會成本。

由於所有的資源都有一定的稀缺性，比如金錢、時間等都有一定的稀缺性，當一個社會、一個企業或者一個人將一定的資源用來生產、經營某種產品或服務的時候，這些資源就不能同時用在其他方面。這就是説，這個社會、這個企業或者這個人所獲得的一定數量的收入，是以放棄用同樣的資源來生產或經營其他產品、服務所能獲得的收入為代價的，由此，便產生了機會成本的概念。

如果投資者 A 可以投資股票，也可以選擇將錢放到銀行存起來。他在 1 月 1 日的時候，用 1 萬元購買了某股票，經過 1 年的操作，第二年 1 月 1 日的時候，投資股票的淨收益為 400 元。如果他當時將這筆錢放到銀行，1 年期的定期利率為 2.25%，扣除利息稅後，他可以得到 180 元的淨收益。那麼，這 180 元的收益就是 A 投資股票而放棄儲蓄的機會成本。如果考慮到機會成本，那麼 A 的實際收益為 400 元 -180 元 =220 元，而不是 400 元。如果到了第二年的 1 月 1 日，A 並沒有拿到 400 元的收益，而是 150 元。那麼，

考慮到機會成本，他實際上是損失了 30 元。

　　我們必須要認識到：機會成本是除了已經做出的選擇之外，其他選擇中收益最大的那個。比如，那個回鄉養雞的創業者有 3 個選擇：回鄉養雞創業，一年有 50 萬元的收入；在大城市工作，一年的收入為 40 萬元；出國做外貿生意，一年的收入為 60 萬元。選擇回鄉養雞創業，他的機會成本是除了這個選擇之外，在其他兩個選項中收益最大的那個，也就是 60 萬元。如果他選擇在大城市工作，那麼，他的機會成本也是 60 萬元。但是，如果他選擇出國做外貿生意，他的機會成本就是養雞創業以及在大城市工作這兩個沒有被選擇的選項裏收益最大的，也就是說，選擇出國做外貿生意的機會成本是 50 萬元。

用經濟學思維，做出最終選擇

　　我們在選擇是否進行創業時，除了要將沉沒成本剔除出決策成本外，還要將創業之外的更好選擇，即機會成本納入考慮範圍內。只有同時考慮到沉沒成本和機會成本兩個方面，我們才能讓選擇更加明智。當然，有些成本是沒有辦法用金錢來準確衡量的。比如，選擇創業意味着需要承擔更多的責任，而給別人打工不需要承擔公司倒閉的風險，也不需要承擔公司違約帶來的法律責任。同時，很多情況下，體制內的工作，比如公務員、教師等雖然工資水平低、工作挑戰性不高，但這種工作存在一種「機會福利」，這是中國制度所特有的。也就是說，人在工作生涯中，如果開始的時候是

在體制內工作，依然有很大的機會可以跳槽到體制外，比如到外企、私企工作；但是如果開始的時候是在體制外工作，想要跳槽到體制內，其難度就可想而知。

當然，創業給每個人帶來的收益是顯而易見的，有的可以直接用金錢來衡量，比如一夜暴富的機會。雖然從長期來看，大量的創業公司沒有最終存活下來。有數據顯示，創業者創業 5 年的成功率是 2%~3%，而大學生創業 5 年的成功率只有 1%~2%。少數人的示範效應告訴我們，一旦創業成功就可能一夜暴富，獲得的收益可能是無法從給別人打工中獲得的。創業也會給創業者帶來一些無法用金錢衡量的收益，比如團隊建設能力、組織能力、談判能力等。

總的來看，用經濟學的方法，充分考慮創業過程中的成本及收益，特別是要剔除沉沒成本，並將機會成本納入考慮範圍，才可以讓創業者的選擇更加明智。但是否選擇創業，是一個需要我們綜合考慮的問題。

股份和股票

股份和股票是我們經常聽到的兩個名詞，股份是股份所有者對公司的部分所有權，標誌着股份持有人對公司有多少所有權。比如，甲持有某公司 50% 的股份，就是這個公司 50% 的所有權歸甲所有。那麼，這個所有權是怎麼確定的呢？一般來說，在公司初創的時候，公司合夥人或者股東便會確定每個人的股份，確定股份的一個重要依據是出資比

例。比如，當一個公司創立的時候，如果投入的資金一共是 1,000 萬元，甲投入 500 萬元，乙投入 300 萬元，丙投入 200 萬元，那麼甲乙丙 3 個人所佔的股份比例就分別為 50%、30% 和 20%。

決策權與分紅權

股份會為股份所有者帶來兩個權利：決策權和分紅權。決策權指的是企業所有者可以根據股份的多少，對企業運行所需要做出的決定進行投票。比如，一家公司有 3 個所有者，股份分配比例為 50%、30% 和 20%。當公司需要做出決定時，3 個所有者的決策權並不是一致的。也就是公司決策時，並不是根據人數的多少「一人一票」，而是根據每個人出資的多少「一股一票」，即 3 個所有者分別佔有 50%、30% 和 20% 的投票權。在這種情況下，如果甲支持 A 方案，乙和丙支持 B 方案，那麼兩個方案的支持率並不是 1:2，而是 50%：(30%+20%)=1：1。

第二個權利是分紅權。如果公司一年實現了 100 萬元的利潤，那麼，公司在進行分紅時，便需要根據出資比例來分紅，也就是甲獲得利潤中的 50%，乙獲得其中的 30%，丙獲得利潤的 20%。

明確股份之後，公司所有者可以對股份進行轉讓。比如，經營了幾年之後，公司擁有的資產達到了 2,000 萬元，甲想要套現，他可以選擇轉讓一部分的股份。由於現在公司有了盈利；因此，甲相當於佔了公司 2,000 萬元總資產的

1,000 萬元，他可以轉讓其中的 100 萬元給丁。現在的 100 萬元只相當於公司股份的 5%；因此，甲轉讓給丁 100 萬元，只轉讓了 5% 的股份。轉讓後，4 個人的佔股比例變為了 45%、30%、20% 和 5%。

隨着公司的良好經營，現在的資產規模為 2,000 萬元，利潤為每年 200 萬元。公司的 4 個股東經過市場調查之後發現：如果公司的規模為 4,000 萬元，公司能夠實現超額利潤，每年的利潤能達到 600 萬元，但現在公司還缺 2,000 萬元的投入。對於這個缺口，公司主要有兩種方法。一種方法是現有的所有者追加投資，這可能會改變公司所有者的股份比例。現在根據 4 個所有者的佔股比例，甲乙丙丁分別佔有 900 萬元、600 萬元、400 萬元和 100 萬元的資產。如果甲乙丙丁分別追加投資 100 萬元、400 萬元、100 萬元和 1,400 萬元，那麼追加資金之後，4 個人的股份比例就變成了：25%、25%、12.5% 和 37.5%。這樣，公司的控制權和紅利分配權就會發生變化：丁成為佔股最大的所有者。

另一種填補資金缺口的方法是從公司外部獲取資金，包括兩個辦法：一個是借款，另一個是引入投資。借款可以通過從銀行或者其他金融機構貸款的方式實現，也可以發行公司債券。通過借款的方式，企業可以獲得資金的使用權，並需要在借款到期後支付一定的利息。借款的好處是不會發生公司控制權的轉移並且公司如果能夠實現超額利潤，除去利息外的利潤都歸企業所有。壞處是公司如果發生虧損，依然

要償還本金和利息。比如公司通過抵押貸款的方式從銀行貸到 2,000 萬元，到期利息率為 100%。對於 2,000 萬元的貸款，不論公司贏利或者虧損，到期時，公司都需要支付 2,000 萬元的本金與 200 萬元的利息。但如果公司通過借款獲得的利潤為 600 萬元，那麼公司原來的所有者可以以分紅的方式分配扣除利息後的 400 萬元，不需要為借款付更多的利息。

引入投資的辦法會導致公司原來所有者的所有權降低，但在發生虧損時，公司不需要彌補新投資者的損失。比如，新進入的投資者戊投入 2,000 萬元，那麼，現在一共有 5 個投資者——甲乙丙丁戊。由於前 4 個投資者的股份會因為最後一個投資者的進入而被稀釋，現在 5 個人的股份比例分別為：22.5%、15%、10%、2.5% 和 50%。投資比例意味着第 5 個人對公司擁有了 50% 的控制權，他會對公司的日常經營產生重要影響。如果公司的利潤變為 600 萬元，那麼第 5 個人可以分到 300 萬元的利潤，前 4 個人共同分配剩下的 300 萬元利潤。雖然失去了公司的控制權，但可分配的 300 萬元的利潤，還是要比引進新投資者之前的 200 萬元利潤高。如果公司發生虧損，比如第二年的虧損額達到 400 萬元，那麼，這些虧損也應該在 5 個人之間按投資比例進行分配。也就是，最後一個人因為股份比例達到 50%，需要承擔損失中的 200 萬元，前 4 個人需要承擔剩餘的 200 萬元的損失。如果是借款，前 4 個人除了需要承擔虧損的 400 萬元，還需要歸還 2,000 萬元本金與 200 萬元利息。顯然，引入投資可以避免虧損狀態下的風險。

股票發行的內在邏輯

企業通過引進外部投資獲取資金的方式，是股票發行的內在邏輯。隨着企業經營規模的擴大，企業現有資金沒有辦法滿足日益增加的資金需求，便可以通過向市場發行股票的方法，進行資金募集。比如前面所説的企業 2,000 萬元資金的缺口，便可以不需要戊一個人來承擔，而是通過發行股票的方式進行募集。企業第一次以股份的方式向公眾公開募集資金，被稱為首次公開募股，簡稱 IPO。在企業完成公開募股之後，企業的所有資產就變為股份的形式，由股東持有，這些股份可以在證券交易所進行掛牌交易。

在募股的過程中，企業不可能將所有招募資金的事情都自己做，而是需要委託專業的證券公司進行操作。比如，企業可以採用這樣的辦法：將企業的所有資產以每元 1 股的形式進行分割，甲有 900 萬元的公司資產，相當於擁有900 萬股股票，同理，乙丙丁持有的股票分別為 600 萬股、400 萬股和 100 萬股。公開募集的 2,000 萬元資金，也分為 2,000 萬股，這些資金從市場上募集。這家企業可以將這2,000 萬股打包賣給一家或者幾家證券公司、基金公司，由這些專業的金融公司對股票進行銷售，這個市場便是股票的「一級市場」。對於這 2,000 萬股股票，企業可以用 2,000萬元的價格賣出，也可以溢價賣出，比如以 3,000 萬元賣出，當然也可以折價賣出，比如以 1,500 萬元賣出。不管賣多少，這些錢是企業收到的實有資金。

炒股玩的是二級市場

　　證券公司、基金公司拿到這些股票之後開始銷售，在市場上賣給個人，這便形成了股票的「二級市場」。我們常說的炒股實際上是在二級市場上進行的。從股票發行的過程可以看出，創業者的股份基本上是在一級市場上確定下來的，而股民炒股是在二級市場上進行的。

　　通過股份上市交易，公司變成了股份制公司，股東成為公司的實際所有者，每個股東都有權利用自己手中的股份對公司的經營進行投票。上市交易的那部分股份被稱為流通股，不能進行上市交易的那部分股份被稱為非流通股。比如，前面 4 個所有者的股份並沒有變成上市流通的股份，所以，這部分股份不能進行上市交易。在實際交易中，董事長、創始人的股份上市交易往往有一定的限制，比如在某個特定的期限內不能上市交易，或者上市交易的份額不能超過某一比例，這些股份便是非流通股。

　　當然，隨着時間的推移，很多非流通股開始「解禁」，能夠變成流通股上市交易。同時，如果經營者認為未來公司的走勢會越來越好，他可以通過回購的方式，將一部分流通股變為非流通股，從而提高企業管理層獲得利潤分配的比例。

　　發行股票的一個風險，是公司創始人可能會失去公司的控制權。比如，公開發行的 2,000 萬股全部被同一個人收購，那麼，這個人就擁有了公司 50% 的股份，可以對公司的決策產生直接的影響。

　　為了彌補這個不足，公司可以發行優先股。優先股也是一種股票，不同於普通股的地方在於，它的股東沒有對公司事務的投票權，也沒有公司董事的選舉權與被選舉權。作為補償，優先股一般有固定的利息收入，即使公司面臨虧損，優先股的利息收入也不會受到影響。但與債券及借款的不同在於，優先股沒有固定期限，也就是公司沒有償還本金的壓力。

期權：現代人玩的遊戲

　　如果你是一個酒廠的老闆，粟米是這個廠子最主要的原材料，今年，市場上 1 噸粟米的價格是 1,800 元。根據以往的經驗，你知道今年的粟米價格處於中等水平。對於酒廠來說，穩定的原材料供應是很重要的。根據經驗，你知道這幾年粟米的價格在 1,600 元 - 2,000 元之間波動。作為酒廠老闆的你，希望粟米的價格不高於 1,850 元，因為價格超過 1,850 元／噸，酒廠可能會面臨虧損。在一百年前，酒廠可能試圖在年景好的時候，也就是粟米價格較低的時候買進大量粟米，等到年景差的時候，再使用存貨進行生產。但是，現代社會，酒廠有一個新的選擇，那就是買入期權。

看漲期權和看跌期權

　　對於市場的走勢，人們會有不同的判斷，酒廠擔心明年粟米的價格會走高，但有人會認為明年粟米價格不會升高，或者即使升高，也不會高過 1,850 元／噸。這樣，酒廠就可

以和這個人達成協議，約定第二年的某個時間，比如第二年的 5 月 1 日，酒廠有權從這個人的手裏以 1,850 元 / 噸的價格收購粟米。酒廠為了獲得這個協議，需要支付一定的費用，這便是這個協議的價格。協議的價格一般會通過協商的方式確定，比如價格為 5 元 / 噸，就是酒廠今年會為未來成交的每噸粟米付給這個人 5 元。

當到了第二年 5 月 1 日，如果粟米的市場價格上漲到 1,900 元 / 噸，那麼，酒廠有兩個選擇：一個是要求這個人履行協議，以 1,850 元 / 噸的價格從這個人手裏購買粟米，而這個人對於酒廠提出的行使期權的要求，必須滿足。如果這個人有粟米，就要以每噸 1,850 元的價格賣給酒廠；如果這個人手裏沒有粟米，就需要從市場上以 1,900 元 / 噸的價格收購粟米之後，賣給酒廠。而酒廠在拿到這些粟米後，便用於生產。如果當初約定從這個人手裏收購 100 噸粟米，而今年市場上酒的銷量萎縮，酒廠只需要 50 噸粟米，那麼酒廠就可以選擇將多餘的粟米，從這個人手裏以 1,850 元 / 噸的價格收購後，以 1,900 元 / 噸的價格出售。這樣，酒廠每噸粟米可以賺取 1,900 元 -1,850 元 -5 元 =45 元。對於這個人，也就是協議的出售方來說，每噸粟米會虧損 1,900 元 -1,850 元 -5 元 =45 元。

另一個選擇是不需要這個人以實物的方式履行協議，只需要補償協議價格與市場價格之間的差價。也就是說，只要協議出售方遵守協議，按每噸粟米支付給酒廠 1,900

元 -1,850 元 =50 元的差價就行。酒廠拿到這個差價，可以選擇去市場上採購粟米，也可以選擇獲得這部分利潤，而不去購買粟米。為第二個選擇的時候，酒廠每噸粟米能賺到 50 元 -5 元 =45 元的利潤；而協議出售方會有 50 元 -5 元 =45 元的損失。因此，不管酒廠選擇哪一個，結果對於雙方來説都是一樣的。

如果價格跌到了 1,850 元以下，比如為 1,800 元／噸，酒廠就可以選擇不執行協議，而直接以市場價格收購粟米。這種情況下，酒廠的虧損為每噸粟米 5 元；協議出售方的利潤為每噸粟米 5 元。買方通過先支付一定數額的權利金的方式，約定能在未來的某個時間點以確定的價格購買某種產品，就是看漲期權。期權的買方有權利向期權的賣方購買一定數量的商品，但不負有必須購買的義務。而期權的賣方有義務在規定的有效期內，應期權買方的要求，以事先約定的價格賣出協議規定的特定商品。

換一個角度，對於種植粟米的農民來説，面臨着粟米價格下跌的風險。假定現在的粟米價格是 1,800 元／噸，如果價格下跌到 1,750 元以下，農民就面臨着破產的危險，因為這很可能會導致農民來年沒有足夠的資金種植粟米。於是，農民希望達成的協議是，第二年的 5 月 1 日，有權利以 1,750 元的價格賣出粟米。這時，如果有人認為第二年粟米的價格肯定上漲，那這個人很可能會選擇和這個農民達成協議。為了獲得以 1,750 元／噸的價格出售粟米的權利，農民

需要今年先支付給這個人，也就是協議的賣方 5 元／噸的權利金。

這樣，如果第二年粟米的價格高於 1,750 元／噸，比如為 1,780 元／噸，那麼行使這個權利，農民賣出一噸粟米只能獲得 1,750 元的收入，但如果農民將粟米賣到市場上，每噸能夠獲得 1,780 元的收入。因此，農民不會行使這個權利，協議的賣方可以獲得每噸 5 元的收入；農民的損失控制在了每噸 5 元。

但是，如果第二年粟米的價格低於 1,750 元／噸，比如為 1,700 元／噸，那麼農民的第一個選擇就是要求協議的賣方執行協議。農民以 1,750 元／噸的價格將粟米出售給賣方，這樣，農民就避免了每噸粟米的 1,750 元 -1,700 元 = 50 元損失，除去簽訂協議時農民付出的 5 元／噸，農民能夠避免每噸粟米 45 元的損失。而協議的賣方必須以高於市場 50 元的價格從農民手裏購買粟米。這樣，考慮到賣方收取了 5 元的權利金，他每噸粟米的損失為 45 元。

農民的第二個選擇是，不需要協議的賣方把粟米運走，只需要協議的賣方支付協議的價格與市場價格的差價就行，也就是賣方向農民支付每噸粟米 50 元的差價就行。這相當於農民能夠避免每噸粟米 45 元的損失，也就是對於沒有簽訂協議的農民，贏利 45 元；而協議賣方每噸粟米的損失為 45 元。因此，我們同樣可以看出，不管農民選擇兩種方案中的哪一種，結果都是一樣的。

　　協議的買方通過支付一定數量的權利金的方式，約定以一定的價格賣出特定數量的產品就是看跌期權。在這種期權形式下，期權買方（也就前面所說的農民）有權賣出商品，但沒有義務一定賣出，賣方有義務以約定的價格買入規定數量的產品。

如何通過期權來賺錢？

　　期權產生的最初目的是降低生產的風險，比如前面例子裏所說的，酒廠可以通過看漲期權，以 5 元的價格消除以後可能出現的損失風險；而農民可以通過看跌期權，以 5 元的價格防止以後可能出現的風險。

　　我們觀察到，不管是看跌期權，還是看漲期權，都可以不真的使用實際貨物進行交割，而只需要到期的時候，彌補差價就行。這就意味着，即使我不是酒廠的老闆，也不是農民，只要我意識到未來粟米的價格可能有漲跌，就可以選擇期權的買賣。比如，我認為未來粟米的價格可能會漲，我能夠做的選擇是買入看漲期權，或者賣出看跌期權。這樣，只要未來粟米的走勢和我的判斷相同，我就能賺到錢。反之，我如果認為未來粟米的價格會跌，就可以買入看跌期權或者賣出看漲期權。等到協議到期時，雙方可以約定以差價的形式進行交割，而不需要真的以貨物的形式進行交割。

　　按照執行時間的不同，期權可以分為歐式期權和美式期權兩種。歐式期權協議要求雙方只能在到期日履行協議；美

式期權協議的雙方在到期日前的任何時候或到期日都可以執行協議，大多數的美式期權協議允許雙方在交易日到履約日之間隨時履約，但有一些協議規定雙方在一段比較短的時間內可以履約，如「到期日前兩周」。歐式期權本少利大，但在獲利的時間上不具有靈活性；美式期權雖然靈活，但由於買方可以隨時要求履行協議，因此權利金較高。所以，中國以及大部分國家的期權都是歐式期權。

每一個期權協議都有一個標的資產，比如前面說的粟米，也就是期權協議的雙方將什麼商品的價格作為協議對象。除了實體的貨物之外，標的資產可以是眾多的金融產品中的任何一種，如普通股票、股票指數、期貨協議、債券、外匯，等等。通常，我們把標的資產是股票的期權稱為股票期權。如此類推，期權有股票指數期權、外匯期權、利率期權、期貨期權等。

企業如何通過期權激勵員工？

在討論企業如何更好地生存時，我們曾說過，現代企業面臨所有權與經營權分離的問題。企業經理人負責企業的日常經營，作為理性人，經營者的目標是讓自己的利益最大化，也就是自己的工資、福利最大化。但是企業所有者的目標是讓企業的利潤最大化，進而讓自己的利益最大化。顯然，兩者之間會產生衝突。如果經理人要求增加自己的工資或者提高自己的福利，這會帶來企業成本的增加、利潤的降

低，進而導致企業所有者收益的減少。如果企業所有者壓低經營者的收入，那麼會降低經營者的積極性，也會降低企業的利潤。

為了解決這一矛盾，很多企業採用了股權激勵的方式，其中一個重要的方法就是通過股票期權進行激勵。比如，現在某公司的股票價格是 30 元。董事會在聘請新的 CEO 時，可以約定 CEO 的報酬分為兩部分，除了工資及年終獎金外，還有股票期權。比如，CEO 有權以每股 40 元的價格買入公司的 10 萬股股票。這樣，如果公司的股票價格漲到 50 元，CEO 就可以以 40 元的價格買入 10 萬股股票，再以市場價格出售，對於每一股股票，CEO 可以賺到 10 元，賣出 10 萬股股票，CEO 就可以獲得 100 萬元的回報。如果股票的價格上漲到 100 元，那麼 CEO 每股的收益就是 60 元，他的回報就是 600 萬元。

企業所有者，也就是股東，他們的財富是以股票的形式存放在公司裏的，股票價格的上漲意味着企業所有者財富的增加。通過股票期權，企業經營者的利益和企業所有者的利益達到一致，兩者之間的矛盾可以得到有效解決。

期貨：與高風險共舞

我們再來看看前面的例子，酒廠老闆通過期權的方式將粟米的價格維持在了可接受的範圍內，但是隨着時間的推移，他發現可以直接與農民達成一個遠期協議。比如，今年

粟米的價格是 1,800 元 / 噸，酒廠擔心明年的價格會上漲，而農民擔心明年的價格會下降。那麼雙方可以今年簽訂一個協議，約定明年還以 1,800 元 / 噸的價格成交粟米，並約定明年的成交量，這樣的遠期協議就是最早期的期貨。

你可能不知道，期貨的誕生是為了降低風險

歷史上，期貨產生的主要原因是降低風險。雙方通過簽訂遠期協議的方式，減少風險可能帶來的損失。再舉一個例子，現在是 5 月 1 日，酒廠和農民雙方制定了一個遠期協議，約定第二年 5 月 1 日以 1,800 元 / 噸的價格成交 10 噸粟米。隨着時間的推移，比如 9 月 1 日的時候，粟米價格上升，變為 1,900 元 / 噸。由於酒廠依然可以按 1,800 元 / 噸，也就是低於市場價格的價格購買粟米，所以就有了一項利潤來源。如果第二年 5 月 1 日，粟米的價格依然是 1,900 元 / 噸，酒廠可以通過這個協議獲得 (1,900 元 -1,800 元)×10 噸 =1,000 元的利潤。這時，如果市場上普遍認為粟米的價格還會上升，但酒廠老闆卻認為粟米的價格會在未來 8 個月的時間裏逐漸下降。這樣，如果第二家酒廠的老闆認為到第二年 5 月 1 日，粟米價格會上漲到 2,000 元 / 噸，那麼，花不超過 2,000 元的價格買到這份協議，就成為有利可圖的事情。因為如果第二年 5 月 1 日，粟米價格真的漲到了 2,000 元 / 噸，第二家酒廠的老闆可以通過這份協議拿到 2,000 元的利潤。於是，第一家酒廠老闆如果認為粟米價格未來的走勢不會繼續向上，他可能會選擇把這份協議賣給第二家酒廠的老闆。

　　如果 9 月 1 日的時候，市場上粟米的價格下降到 1,700 元 / 噸，那麼對於酒廠來說，這就是損失。如果價格到第二年 5 月 1 日一直不變的話，本來酒廠可以從市場上以 1,700 元 / 噸的價格收購粟米，現在由於協議的限制，酒廠必須以 1,800 元 / 噸的價格向農民收購 10 噸粟米，這意味着酒廠需要承擔 1,000 元的損失。如果這時有第二家酒廠的老闆認為價格不會這麼跌下去，而會上漲。比如，第二個老闆認為到明年 5 月 1 日，粟米價格可以漲到 1,750 元 / 噸，那時，這份協議的虧損額就可以減少為 500 元。於是兩個老闆就可以將這份協議成交，比如，第一個老闆以支付給第二個老闆 800 元的價格，把這份協議賣給第二個老闆。這樣，第一個老闆能夠儘快止損，第二個老闆也可以通過這份協議獲得一部分利潤。

　　簽訂協議的這個農民也不一定非要守着這份協議，反正這份協議被執行時，只要有 10 噸粟米以 1,800 元 / 噸的價格成交就行，到底由誰來提供這 10 噸粟米，其實並不重要。我們再回到前面設定的情景，如果 9 月 1 日時，粟米的價格變為 1,900 元的話，這份協議對於這個農民來說，其實是一項損失。本來他可以以 1,900 元 / 噸的價格賣出粟米，但由於協議的存在，他必須以 1,800 元 / 噸的價格賣出，每噸粟米虧損 100 元，10 噸的虧損額為 1,000 元。同樣，如果有農民認為，粟米價格還會上升，虧損額不止這麼多。那麼這個農民沒有必要依然拿着這份協議，而可以儘快搭錢將這份

協議賣給第二個農民以止損。如果到 9 月 1 日，粟米價格下降了，這個農民可以將這份協議賣出去獲得利潤，當然也可以等到協議到期的那天，按約定價賣出粟米來獲得利潤。

我們由此可以看出，只要商品本身可以標準化，由誰提供都一樣。比如粟米，由哪個農民提供都一樣，比如鐵、銅這樣的金屬，不管哪個廠商提供，只要達到一定標準，就都是合格的。這樣，我們就可以把遠期協議做成標準化的協議，只要貨物的交易雙方關注的是標準化的貨物，而不會管由誰提供、由誰購買。那麼，這個標準化的協議本身就能進行交易，這便是期貨。最初的期貨交易就是從現貨的遠期交易發展而來的，第一家現代意義上的期貨交易所是 1848 年在美國芝加哥成立的，該交易所在 1865 年確定了標準協議的模式。20 世紀 90 年代，中國的現代期貨交易開始出現，當前，中國有上海期貨交易所、大連商品交易所、鄭州商品交易所和中國金融期貨交易所 4 家期貨交易所。

中國期貨市場產生的背景是糧食流通體制的改革。隨着國家取消農產品的統購統銷政策，放開大多數農產品價格，市場對農產品生產、流通和消費的調節作用越來越大，農產品價格的大起大落，現貨價格的不公開、失真，農業生產的忽上忽下和糧食企業缺乏保值機制等問題，引起了很多人的關注。建立一種機制，既可以提供指導未來生產經營活動的價格信號，又可以避免價格波動造成市場風險成為大家關注的重點，在這一背景下，鄭州商品交易所應運而生。

不管期貨是上漲還是下跌，都可以賺錢

期貨交易產生的主要目的是預防風險，那麼是不是期貨市場的交易風險要遠遠小於股票市場呢？我們先來看看期貨是如何交易的。如果在期貨市場上，1 年期粟米期貨的價格是 1,800 元／噸，而你認為粟米價格的上漲會帶動粟米期貨價格的上漲。這樣，你可以現在買入粟米期貨，等到價格上漲後，你再賣出。只要在期貨協議到期之前把期貨賣出，那麼你就不用真的去收購粟米。就如同前面說的，你可以從酒廠買進遠期協議，然後等粟米價格上漲之後，比如 1 個月之後，你賺到了錢，再把這份協議賣給第二個酒廠。這樣，你既避免了從實地去收購粟米，也能夠賺到錢。

期貨交易所就是這樣的一個中介機構，酒廠、農民和期貨投資者都可以來這裏買賣期貨。比如，你想要買 100 噸粟米期貨，現在購買這些期貨需要 100 噸 ×1,800 元 = 180,000 元。由於你買賣的只是粟米的遠期協議，現在不需要真的交割粟米，所以期貨交易所並不需要你馬上支付 18 萬元，只需要繳納一部分保證金就行。一般，期貨的保證金率為 3%-80%。如果期貨市場要求的保證金率是 5% 的話，對於這一協議，你只要繳納 180,000 元 ×5%=9,000 元即可。這意味着你可以用 9,000 元的價格買賣價值 18 萬元的協議。如果第二天，粟米期貨的價格上漲 5%，也就是從 1,800 元／噸，上漲到 1,890 元／噸。那麼，你的獲利就是 (1,890 元 -1,800 元)×100 噸 =9,000 元。相比你投入的成

本 9,000 元來説，你賺到的利潤是 100%。

如果第二天，粟米期貨的價格走勢並不如你預計的那樣，反而是向下，我們來看看事情會怎麼樣。如果價格下降了 2%，也就是粟米期貨的價格從 1,800 元 / 噸，下降 36 元，變成 1,764 元 / 噸。那麼，你將面臨的虧損是 (1,800 元 -1,764 元)×100 噸 =3,600 元。這樣，相對於你前期投入的 9,000 元來説，你的虧損達到了 3,600 元 / 9,000 元 × 100%=40%。即市場上粟米期貨價格下降 2%，你會虧損 40%。在這種情況下，期貨交易所會直接從你的保證金裏扣除 3,600 元，你現在的保證金只剩下 5,400 元。當粟米期貨的價格變成 1,764 元 / 噸時，由於需要 5% 的保證金，這時，你需要的保證金數額為 1,764 元 ×100 噸 ×5%=8,820 元。這樣，如果你想繼續持有這 100 噸粟米的期貨，你就需要追加 8,820 元 -5,400 元 =3,420 元的保證金。

如果第二天，粟米期貨的價格下跌了 5%，也就是價格下降 90 元，你的損失會達到 90 元 ×100 噸 =9,000 元。這時，你的保證金會全部變為損失。在這種情況下，由於你的保證金全部虧損，期貨交易所不會再通知你追加保證金，而是會強行將你的協議平倉。即交易所會把你手裏持有的粟米期貨協議全部賣出，如果你想繼續買進粟米期貨，就需要再次繳納保證金進行購買。

通過這些例子可以看出，期貨交易所建立的初衷是為了

減少風險，但在實際運行中，期貨卻變成了風險最大的金融衍生品之一。實際上，不僅期貨價格上升時，投資者可以賺取利潤，當期貨價格下降時，投資者依然可以賺取利潤。

比如，現在粟米期貨的價格是 1,800 元／噸，你認為粟米期貨的價格會下降，那麼，現在你可以賣出粟米期貨，相當於你現在不是酒廠老闆，而是農民。同樣，如果你賣出了 100 噸粟米期貨，那麼，你需要繳納的保證金就是 1,800 元 ×100 噸 ×50%=9,000 元。如果粟米期貨的價格如你所料，第二天下降了 5%，那麼，現在的價格為 1,710 元／噸。由於你選擇的是「賣出」，那麼，你會賺到 (1,800 元 -1,710 元)×100 噸 =9,000 元的利潤。反之，如果第二天的價格上升，比如上漲 2%，現在的價格為 1,836 元，意味着你損失了 3,600 元。你的保證金扣除本金後，變成了 5,400 元，而這時，在 1,836 元／噸的價格水平，你需要支付的保證金為 1,836 元 ×100 噸 ×5%=9,180 元。這樣，由於虧損，如果你還想繼續持有這份協議，需要再繳納 9,180 元 -5,400 元 = 3,780 元的保證金。當價格下降幅度達到 5% 時，9,000 元的保證金會全部虧損，這意味着，你的協議會被強行平倉。

在股票市場，如果沒有做空機制，那麼只有當股票價格上漲時，投資者才會賺到錢，但是在期貨市場，不管期貨價格上漲還是下跌，投資者都可以賺到錢。由於期貨市場採用了保證金的方式，投資者的利潤或者虧損會更大，因此，期貨市場的風險也會更大。

現在的期貨市場能夠交易的標的物可以分為商品期貨和金融期貨。其中商品期貨主要有三大類：第一類是農產品，比如粟米、大豆、棉花、白糖等；第二類是金屬期貨，比如銅、鋁、鉛等；第三類是能源期貨，比如原油、汽油等。金融期貨包括股指期貨、利率期貨、外匯期貨等。商品期貨好理解，金融期貨是指期貨協議的標的物是金融產品。比如，期貨協議的雙方可以對股指簽訂協議並進行交易，如果買進滬深 300 指數的期貨，就意味着，只要滬深 300 指數上漲，投資者就能賺到錢。

金融危機如何產生？

金融衍生品是和金融產品相關的派生物，通常是指從原來的金融資產中派生出來的金融工具，期貨、期權便屬金融衍生品的範疇。金融衍生品的共同特徵就是保證金交易，也就是如同期貨那樣，只需要繳納一部分的保證金就能進行交易，不需要真的用全額進行交割，不需要本金的轉移，協議的了結一般也只是採用差價結算即可。金融衍生品實際上是一種金融協議，這種協議可以是期貨形式的，也可以是期權形式的，這兩種形式都可以變成標準化的協議產品進行交易。同樣，這種協議也可以是非標準化的，只是協議的買賣雙方簽訂的協議，不能進行交易。

以美國「次貸危機」為例

金融衍生品的出現是為了防範風險，但結果卻對風險起

到了加大作用，比如前面所說的期貨。我們來看美國次貸危機的例子。美國上一次金融危機是如何發生的？美國的房價雖然沒有中國的這麼高，或者說美國中心城市的房子不像中國中心城市的房子需要花多年的工資才能買到，但買房子對年輕人和低收入人群也是有壓力的。這個時候，美國政府建立了兩個被稱為「兩房」的機構：房利美（Fannie Mae）和房地美（Freddie Mac）。在「兩房」出現以前，個人直接向銀行借款，銀行付錢給房企後，個人再向銀行分期付款——中國房貸市場就是這樣。絕大多數人買房不是用全款，而是需要貸款。銀行把一大筆錢給房企，個人再分多次還錢給銀行。銀行在最開始的時候就給了房企一大筆錢，房企與銀行很早就交換了，實際上房子抵押給了銀行，個人這時候並不擁有房子，在還貸結束之後才能真正得到房子。如果個人未還款，房子就歸銀行。銀行會把房子拍賣，同時可能會給個人一點兒錢。違約分為兩種情況：一種是這個人可能是賭徒，把錢輸光了；另一種是整體宏觀經濟不好，大家都會受到影響，這個時候會出現一大群人違約。在第二種情況下，銀行手中囤了很多房子，想賣都賣不出去，因為大家都沒有錢。在這種情況下，銀行就會承擔很大的風險。銀行為了規避這個風險，接納的放貸總量是很有限的。因為它擔心每 3 年或 5 年會有大的金融危機出現，於是會控制自己的放貸量。這個控制會導致個人、銀行與企業三方之間的交易總數受到限制，如果只有 100 個交易，但有 300 個人想要買房子，這會造成政府壓力的增加。因為這些買不起房子的

人會向政府施壓，於是銀行就需要一種更強的措施把內部風險轉移，這樣就能提供 300 個交易。

　　風險不可能平白無故地降低，那麼風險轉移給誰呢？美國是房利美和房地美這兩個機構來承擔風險。它們是自由市場下的正常機構，並不屬美國政府，美國政府沒有給它兜底的義務。但是它們是美國政府設立的，類似於中國的事業單位。這兩個機構提供給銀行導向，向銀行提供很多的錢使銀行有更多的放貸量。但這些錢是有風險的，如果出現大量的違約情況，那麼「兩房」會受損，但是「兩房」不會簡簡單單地找美國政府要錢給銀行。在實際運作中，「兩房」把錢給銀行，銀行把房子的契約給「兩房」，在拿到契約之後，「兩房」會首先評估每個貸款人的信用，把所有貸款買房的人分成幾類：高淨值人士、中產階級人士、低收入人士。其中高淨值人士、中產階級人士違約的可能性較小，房地美對這部分人士的還貸並不擔心。但低收入人士違約的可能性相對來說較大，房地美可能對這部分人士的還貸能力有所擔心，因此，會想法抵銷這一人群帶來的風險。

風險的轉移

　　面對低收入人士的契約，房地美認為，必然會有一部分人因為還不起貸款而違約，這使它有損失的可能。比如，現在房地美手上有 100 份合同，每個合同的價值是 100 億美元。經過評估後，房地美發現，如果有一個合同違約，那麼它的損失可能達到 50 億美元。現在經濟形勢很好，每個

合同違約的可能性都小於 1%。房地美為了應對可能發生的經濟危機，它的選擇是到華爾街尋找一個願意為它提供保險的金融機構。房地美提出的要求是為每個合同提供保險，它可以為每個合同每年交 5,000 萬美元的保費，並連續交 10 年，即共交 5 億美元。如果違約沒有發生，對於每個合同，保險公司可以白白獲得 5 億美元的收入，如果任一合同發生違約，保險公司需要賠付 50 億美元。保險公司 A 經過計算後發現，100 個合同 10 年的保費總共是 500 億美元。而現在的違約風險小於 1%，即使有一個合同違約，也只需要賠付 50 億美元，可以得到 450 億元的利潤。即使合同違約的可能性達到了 5%，也就需要賠付 250 億美元，仍然能得到 250 億美元的利潤。於是，房地美和保險公司 A 都認為這個合同有利可圖，便簽訂了合約。

保險公司 A 拿到了這份合同之後發現，現在市場上的違約風險小於 1%，即使 10 年內按照 2% 的風險計算，這份合同 10 年能夠帶來的利潤也有 400 億美元。但是 A 公司也會擔心：如果風險過大的話，公司的正常運行會受到損害。於是，A 公司的一個選擇是試圖降低風險，這時它會為 B 公司提供一個保險協議：把房地美的 100 份合同全部賣給 B 公司，作為回報，B 公司需要一次性支付給 A 公司 200 億美元。這樣，B 公司會有 300 億美元的預期收入，即使發生 1 次賠付事件，還有 250 億美元的利潤。而 A 公司可以一次性拿到 200 億美元，不需要等待 10 年才能拿到 500 億美元的利潤。但是 B 公司也有所擔心，於是它希望找到 C 公司，如

果 C 公司肯一次性出 100 億美元，他就願意將房地美的合同全部賣給 C 公司。然後 C 公司再去找 D 公司……

金融衍生品怎樣帶來經濟危機？

根據前面的內容，房地美沒有風險，而 A、B、C、D 等公司都在賺大錢，這些錢來自信用不太好的購房者，也就是低收入人士的還貸。雖然其中一兩個人的違約對於整個鏈條來說，起不到破壞性作用，但在每次計算時都被考慮了。2008 年的時候，經濟形勢開始走弱，有很多人開始違約，也就是不再還銀行貸款。這時若違約數達到了 20%，也就是有 20 個合同違約，房地美的第一個反應是：沒問題，我在 A 公司做了保險。A 公司的反應是：我在 B 公司做了保險，沒有問題……如果合同正在 G 的手裏，G 還沒來得及賣出去，即使 G 憑藉着這些合同，收到了由房地美提供的高達 200 億美元的保險金，但是由於 20 個合同的違約，需要賠付 1,000 億美元，對於它來説，損失就達到了 800 億美元。這麼大數量的賠款對於金融機構來説，是難以承擔的，於是 G 面臨着破產的風險……

如果 G 倒閉了，那麼 F 就面臨着向 E 賠付的壓力，這可能會導致 F 的倒閉……最終，隨着 E、D、C、B、A 一連串倒閉的發生，房地美面臨着承擔巨額損失的壓力。在次貸危機中，雷曼兄弟（Lehman Brothers）充當了 G 的角色。當雷曼兄弟倒閉之後，A、B、C、D、E、F 與「兩房」都產生了恐慌的情緒：F 不能再倒閉了，如果 F 倒閉，那麼整個

金融市場和房地產市場將便面臨着全部倒閉的可能性。美國政府意識到，如果全國金融、房地產市場倒閉，由此帶來的損失可能是難以計算的，整個社會想從這麼大的經濟危機中恢復過來所需要付出的代價就過於沉重了。因此，為了避免全國性的經濟危機，為了將危機控制在金融領域，美國政府的唯一選擇是將這 1,000 億美元的損失全部國有化，也就是由財政支付。由於財政部的錢全部來自納稅人，而這實際上是將損失轉嫁到了納稅人的頭上，當美國民眾知道政府的選擇之後，很多人，特別是中產階級對這個方案產生了抵觸情緒。中產階級的收入並不高，為了還房貸辛苦工作，他們認為，在經濟一片大好的情況下，各大銀行及金融公司通過金融衍生品獲取了高額的利潤；在經濟衰退的情況下，它們的損失卻由納稅人支付，這種行為實際上是中產階級對華爾街高管的補償。為了反對政府出資消除金融危機的方案，很多民眾掀起了「佔領華爾街」運動，大量民眾在華爾街進行靜坐示威。

通過次貸危機的案例，我們能看到金融衍生品是如何帶來經濟危機的。其實，前面講到的索羅斯狙擊泰銖的例子中，金融衍生品也發揮了重要的作用。由於金融衍生品交易實行保證金制度，交易方不需要全部的資金投入，就能交易較高金額的金融產品，這種交易的初衷雖然是降低風險，但結果卻往往是在不斷增加風險。

第五課

投資與風險

　　任何投資都有風險，即使購買政府債券，投資者也要面臨政府可能破產的風險。不過，通常意義下，高風險意味着高收益。在個人做出投資決策時，如何計算投資中的收益與風險是投資的基礎。為了抵禦各類風險，保險是一項重要的應對措施。在這一課中，我們着重討論與風險相關的一些概念及原理。

每一項投資，都有風險

對於每一項投資來說，都存在風險。當今社會，風險最低的可能是國債，政府以自己的信用和稅收作為國債支付的基礎，因此，除非政府倒台，否則國債違約，也就是政府拒絕支付國債利息及本金的可能性微乎其微，但是國債依然是有風險的。比如 2001 年，阿根廷就遭遇了債務危機，政府面對着高額的債務無法償還。當時，投資者如果投資了阿根廷的國債，就面臨着血本無歸的風險。銀行存款的風險可能與國債相差無幾，相對來說也是很低的，但歷史上多次出現銀行的擠兌現象，這也是商業銀行的風險所在。面對可能存在的擠兌現象，各國中央銀行普遍對商業銀行實行「保險制度」，也就是，當商業銀行面臨擠兌、倒閉的風險時，中央銀行會對商業銀行的存款負責——承諾如果商業銀行面臨擠兌，會負責償還每個人的存款。這有效地消除了擠兌產生的可能性，但在次貸危機中，依然有很多銀行倒閉，由此可見，銀行存款也存在風險。

不同投資者對風險的態度不一樣

前面提到的國債和銀行存款都是風險較低的投資品種。在風險較高的一端，有期權、期貨等金融衍生品，也有股票，在對這些品種進行投資時，投資者會面臨較高的風險。那麼，風險到底是什麼呢？風險的確切含義是：損失發生的可能性。一方面，風險可以用百分數來表示，比如投資失敗的概率為 5%，產生損失的概率高達 80%，由於可以用百分

數來表示，因此我們可以對風險的大小進行比較，顯然 80%
的風險要遠遠大於 5% 的風險；另一方面，風險發生時，可
能會有損失的產生，也可能是收益的不確定性。

對於投資者來説，都希望能獲得回報，但不同類型的投
資以及不同的投資對象，產生的回報是不一樣的，也就是投
資收益存在着不確定性。在對投資的收益展開討論之前，我
們先來看看在網上經常見到的問題。如果現在你面前有兩個
按鈕——A 按鈕和 B 按鈕，當你按下 A 按鈕的時候，你會獲
得 100 萬元；當你按下 B 按鈕的時候，你有 50% 的可能性
獲得 1,000 萬元，有 50% 的可能性什麼也獲得不到。那麼，
你會選擇按下哪個按鈕？這個問題曾經在網上引起廣泛的討
論。謹慎的人認為 A 按鈕是最好的選擇，因為 B 按鈕意味着
有 50% 的可能性什麼也得不到。而願意冒險的人會認為 B
按鈕是最好的選擇，因為按下 B 按鈕意味着有 50% 的可能
性能得到 1,000 萬元。那麼，在經濟學家看來，到底應該是
選擇 A 按鈕還是 B 按鈕呢？答案是 B 按鈕。因為 A 按鈕帶
來的收益是 100 萬元 ×100%=100 萬元，而 B 按鈕帶來的
收益是 1,000 萬元 ×50%+0×50%=500 萬元，也就是説，
B 按鈕帶來的價值遠遠大於 A 按鈕帶來的。

為進一步理解這個看似極端的例子，我們回到前面説的
那個酒廠的例子，看看酒廠老闆面臨投資問題時，是如何選
擇的。現在，酒廠老闆在報紙上看到國外新出了一套先進的
釀酒設備，這項設備的投資是 150 萬元。他通過對市場進行

研究發現，第二年的白酒銷售市場如果比今年情況好，那麼這 150 萬元的投資可以帶來 300 萬元的新增利潤；如果第二年的市場情況和今年相近，那麼這項投資只能帶來 100 萬元的利潤。現在，老闆對未來市場的走勢進行了分析，認為第二年有 50% 的可能性市場銷售情況會好，有 50% 的可能性與今年銷售情況相近。這樣，150 萬元的投資會帶來的預期收益為 300 萬元 ×50%+100 萬元 ×50%=200 萬元。因此，投資 150 萬元的設備是有利可圖的，第二年能夠帶來 200 萬元 -150 萬元 =50 萬元的利潤，所以酒廠老闆會選擇購買設備。

老闆下訂單之前突然得知，一則酒精中毒的新聞引起了強烈的社會反響，這導致白酒市場的波動，酒廠老闆通過重新評估發現，第二年白酒市場走勢向好的可能性降低為 20%；有 50% 的可能性是依然保持今年的銷售狀況；有 30% 的可能性比今年差，如果這種可能性發生的話，新增的投資不會帶來任何收入的增加。這樣，第二年的收益就變成了 300 萬元 ×20%+100 萬元 ×50%+0×30%=110 萬元。這時，投資 150 萬元的預期收益就變成了 110 萬元 -150 萬元 =-40 萬元，也就是預期會虧損 40 萬元。在這種情況下，購買設備就變成了無利可圖的事情，所以酒廠老闆會拒絕購買新的設備。

我們需要注意：不同投資者對於風險有不同的態度，一部分人可能會喜歡追求大得大失的刺激，另一部分人可能會追求平穩的收益。根據投資者對風險的偏好，他們可以分

為風險回避者，風險追求者和風險中立者。風險回避者的態度是，當預期收益率相同時，偏好於具有低風險的投資，而對於具有同樣風險的投資，則鍾情於具有高預期收益率的投資，這符合經濟學「理性人」的假設，一般經濟學意義上的投資者指的就是風險迴避者（Risk Averter）。與風險迴避者恰恰相反，風險追求者（Risk Seeker）通常主動追求風險，喜歡收益的波動勝於收益的穩定。他們選擇投資的原則是：當預期收益相同時，選擇風險大的，因為風險本身會給他們帶來更大的效用。風險中立者通常既不迴避風險，也不主動追求風險，他們選擇資產的標準是預期收益的大小，而不管風險狀況如何。

近幾年來，行為經濟學的研究發現，損失和收益給投資者帶來的效用完全不同。一個人面臨二選一，如果選擇第一個，這個人能肯定地得到 100 萬元的收益；如果選擇第二個，這個人有 90% 的可能性獲得 1,000 萬元的收入，但也有 10% 的可能性會損失 100 萬元，那麼這個人應該怎麼選擇呢？經濟學「理性人」的假設告訴我們，第一個選擇的收益是 100 萬元，第二個選擇的收益是 1,000 萬元 ×90%-100 萬元 ×10%=890 萬元。第二個選擇的價值為 890 萬元，遠遠高於第一個選擇，因此，作為一個理性的人，應該選擇第二個。但行為經濟學家發現，大多數人在這種情況下會選擇第一個，因為第二個選擇意味着損失的產生，而同樣的損失要比收益產生的效用更大。比如，你本來有 1,000 元，你可以用這 1,000 元購買生活必需品或日常用品，但是你如果

丟了這 1,000 元，你會認為是一項很大的損失，可你如果本來沒有這筆錢，憑空獲得了 1,000 元，你增加這筆錢獲得的效用會遠遠小於損失這筆錢所失去的效用。基於這個考慮，很多人在投資的時候會傾向於減少損失。

低價背後的風險

前面討論的風險都是在信息完全確定的情況下發生的，也就是在知道未來可能發生的各種狀況下，損失或收益有多少，以及每個風險發生的概率。不過，在很多情況下，投資者面臨的狀況是信息不完全，這時「信息不對稱」的問題就會發生。

「信息不對稱」的問題常常發生在二手車交易市場中。當進行二手車交易時，買家和賣家雙方對於車輛的情況所知道的信息並不完全一致。賣家由於常年駕駛這輛車，對車輛的信息掌握較好，知道車哪些地方有毛病，但為了賣出一個好價格，一般情況下，他不會提供車輛的所有信息，而是選擇隱瞞車輛的一部分問題信息。買家在買二手車時，只通過試駕或者賣家的簡單描述，沒有辦法瞭解車輛的所有信息。同時，買家也知道，為了賣一個好的價格，賣家會選擇隱瞞車輛的不良信息。在這種情況下，如果同時有兩輛二手車供買家購買，一輛的價格為 6 萬元，另一輛的價格為 5 萬元，且兩輛車的性能、外觀等幾乎一模一樣，買家通過外觀和簡單試駕看不出兩輛車的差異，那麼買家會認為，賣家一定刻意隱瞞了某些重要信息。因此，不管自己購買哪輛車，開一

段時間後都會發現隱瞞的毛病，那麼不如購買價格便宜的那輛車。而對於賣家來說，對性能良好的車的標價一定會高於性能較差的車的標價，但他沒有辦法準確將這一信息傳遞給買家，因為不管他如何解釋，買家都會認為賣家隱瞞了某些信息。這樣，時間一長，能夠在二手市場交易的車都是價格較低的。只有性能較差的車才願意以這種價格成交，性能較好的車便會選擇退出二手車交易市場，這種「好車被劣車驅逐出市場」的現象，被稱為「劣幣驅逐良幣」現象。

在鑄幣時代，由於社會上流通的貨幣是銅、銀、金等鑄成的貨幣，這些貨幣會隨着使用次數的增多而出現磨損、重量減輕等問題。比如，在古羅馬的時候，很多人習慣拿到金幣之後，從金幣的邊緣磨下一些金粉或者乾脆切割下一圈，再把變輕的貨幣拿到市場上流通。理論上說，沒有人是傻瓜，面對變輕的貨幣，只要大家都選擇不接受，那麼這些貨幣就會退出流通市場。但是，在實際生活中卻發生了相反的情況，當人們拿到變輕的貨幣時會選擇儘快花出去，而拿到較重的貨幣會選擇收藏起來。原因就在於，在接受貨幣時，人們沒有辦法馬上準確分辨貨幣是否被動了手腳。時間一長，在市場上流通的都是被動過手腳的貨幣，也就是「劣幣」，而「良幣」——那些沒有被動過手腳的貨幣便被收藏、儲存起來。為了避免這一現象的發生，古羅馬採用了一個辦法，那就是在貨幣的邊緣刻上鋸齒，如果某個貨幣的鋸齒被磨平，那麼人們就知道這個貨幣被動了手腳，這便是解決信息不對稱問題的一個常用方法：對信息進行重新分配。

到底要不要買保險？

保險產生的原因

保險最早產生於航海業。如果你想要投資一艘船，你可能面臨的情況是：投資一艘船需要耗費 10 萬元，在不出意外的情況下，這艘船會通過運輸貨物，每年給你帶來一定的收益，比如 10,000 元。但是，如果這艘船在海上發生意外，你將面臨破產的風險，也就是全部的 10 萬元收穫無望。而通過對大量船隻失事情況的調查發現，船在海上遇到危險的概率為 1%。如果現在市場上有 100 家船東，這些船東會想的一個問題是：這 100 艘船出海，一定會有一艘船發生意外。如果每個船東能拿出 1,000 元，建立一個基金，規定不管是誰的船葬身大海，基金都會負責為出事的船東重新購買一艘船。如果每人拿出 1,000 元，100 個船東建立的基金就會達到 10 萬元。每個船東面臨的選擇是：每年拿出 1,000 元，如果不發生意外，這 1,000 元就完全是成本；如果發生意外，就會得到 10 萬元的賠償。由於船在海上發生事故的概率是 1%，也就是每個船東的船都有遇難的可能，那麼，花 1,000 元購買一份 10 萬元的保障，顯然是有利可圖了。保險業就是在這種情況下產生的。

有關自然災害的保險是最早的保險形式，對於火災的保險是現代保險業的起源。火災每年的發生概率並不同，有的年份因氣候乾燥發生火災的可能性較高，如果某年氣候比較

濕潤，發生火災的可能性就會大大降低。但從長遠來看，火災發生的概率是一定的，比如每個家庭發生火災的概率為萬分之一。而火災發生時，每戶人家的損失為 100 萬元。那麼，經過簡單計算就知道，1 萬戶人家可能會有 1 戶人家發生火災。這樣，這 1 萬戶人家只需要每戶繳納 100 元，就可以建立一個 100 萬元的共同基金，當火災發生時，可以把這份基金支付給這戶人家。這樣，實際上是每戶人家用 100 元的價格購買了一份 100 萬元的保障。

從例子可以看出，保險業能夠存在的主要原因是有足夠多的人能承擔可能的損失。如果人數過少，比如前的例子中，若只有 5 家船東，面臨可能出現的 10 萬元損失，每家船東需要出資 2 萬元才能建立起賠償基金，那麼這 5 家船東可能會選擇放棄。同樣，如果風險過大，每艘船出海失事的風險達到 50%，那麼要建立一個基金，每家船東需要出資 5 萬元，這樣，保險業也建立不起來。除此之外，損失過大，比如地震發生時，某個地區或者地區周邊會發生大面積房屋倒塌，雖然地震發生的頻率並不高，但保險公司需要支付的賠償金高達數百億元甚至上千億元，這是任何一家保險公司都沒有辦法承擔的。因此，很多國家都難以建立地震保險。

美國為什麼沒有全民醫保？

除了前面幾個制約保險成立的因素外，還有一個重要因素是「信息不對稱」。由於風險根據每個人的實際情況會有所變化，因此，每個人遇到的風險是不一樣的。比如，同

樣是船東，有的性格謹慎，在有風浪的時候選擇靠岸停歇，同時能夠對船體進行定期維護；而有的可能具有冒險精神，為了獲得高額的利潤會選擇在有風浪時航行，或者不願意對船隻進行定期維護。這樣，兩個船東實際上面臨的風險是不一樣的。假定，第一個船東面臨的風險為 0.1%，第二個船東面臨的風險為 5%，兩個船東每年的保險費用都是 1,000元，幾年之後，第一個船東會發現：由於自己的謹慎，自己的船隻發生危險的可能性很小；第二個船東每過幾年就會發生一次事故。於是，第一個船東可能會選擇退出保險。這樣，隨着第一個船東的退出，剩餘 99 個船東如果想維持保險基金的正常運行就需要提高保費，也就是每個人提高到100,000 元 ÷99 個 =1,010 元。隨着保費的提高，可能會有另一個較為謹慎的船東選擇不再繳納保費，如果有 10 個船東退出，保費就要提高到 1,111 元。隨着保費的提高，會有越來越多的謹慎船東選擇離開，而留下來的是冒險型船東。

對於保險公司來說，更希望給謹慎型船東提供保險。但對於每個船東來說，由於自己最清楚自身的情況，越是謹慎的船東越不願意投保，越是冒險的船東越願意投保。保險公司知道，願意留下來的都是冒險型船東，因此，保險公司便會選擇提高保費，這又進一步加劇謹慎型船東的離開，陷入了「劣幣驅逐良幣」的困境。客戶在購買火災險時，同樣會發生類似的情況。越是謹慎的人，比如出門檢查煤氣是否關閉、定期檢查煤氣管道、安裝煤氣洩漏報警器等，對於火災

險的需求越低，因為他們知道發生火災的可能性較低。而越是不謹慎的人，比如常常丟三落四、不注意關閉煤氣、不記得定期檢查煤氣管道等，對於火災險的需求越高。這樣，願意購買火災險的客戶便是高風險客戶，保險公司明白這一狀況，知道自己面對的客戶都是高風險客戶，便開始不斷提高保費，惡性循環就此產生。

美國長期以來沒有建立國家醫療保險體系，公眾的醫療保險大多由保險公司提供。奧巴馬當政期間，曾大力推動國家醫療保險的建立，當時很多人詬病美國的醫療保險體系，其根據便是信息不對稱導致的「劣幣驅逐良幣」的問題。由於醫療保險是自願購買的，身體健康以及生活習慣良好的人會選擇拒絕購買醫療保險；而選擇購買醫療保險的人大多是已經患病或者生活習慣不夠好的人。比如，某項大病的發生概率是萬分之一，而一旦發生，這個人需要為治療這個疾病花費 80 萬元。那麼，如果有 1 萬人購買這個保險，每個人只需要繳納 80 元，保險公司就能不虧本。但是由於健康的人或者生活習慣良好的人不願意購買這個保險，現在只有 5,000 人購買這個保險，而這 5,000 人是生活習慣不好的人，這些人患病的概率如果達到萬分之二，那麼每個人就需要繳納 160 元，才能讓保險公司不虧本。隨着保費的上漲，會有越來越多生活習慣相對較好的人選擇不再繳納保費，那麼保費需要進一步上漲，保費的上漲會導致更多的人離開……這便會形成一個惡性循環。

保險運行的解決方法：強制繳納

　　要保證保險費正常繳納，一個重要的方法就是強制所有人購買保險，而不是讓民眾自由選擇是否繳納保險費。比如，強制所有人都購買醫療保險，那麼保費就能維持在一個較低的水平。但是，批評者認為，如果強制所有人都購買醫療保險，相當於生活習慣良好的人向生活習慣不好的人提供了補償。對此，很多國家採用的方法是對保險進行分類，對於基本醫療保險，國家採用強制購買的方式，為每個人提供基本醫療保障；對於大病保險等醫療保險，國家採取商業保險的方式進行補充。只有那些認為自己生活習慣不好或者擔心有大病的人，才會選擇繳納較高的費用來購買大病保險。

　　汽車保險採用了強制險與商業險相結合的方法。交強險（機動車交通事故責任強制保險）是每個車主開車上路前必須要購買的保險，這一保險由於是強制購買的，因此保費相比於保險金來說是比較低的。而商業保險是補充購買的，相對交強險來說，繳納的保費較高。同時，如果某個車主在上一年度出過險，這實際上是在告訴保險公司：這名車主並不屬謹慎駕駛的那類人。因此，針對這部分車主，保險公司便可以強制要求他們繳納較高的保費，這實際上是對謹慎駕駛人的一種補償，對魯莽者的一種懲罰。

　　對沖基金現在很流行，其在誕生之初承擔的功能便是對金融產品的投資提供保險。現在的對沖基金越來越複雜，但基本原理可以用下面的簡單計算來說明。如果投資者 A 有一

個金融投資項目，他的前期投入為 100 萬元，投資成功，他會有較為豐厚的收益，能夠得到 100 萬元的利潤；投資失敗，他會血本無歸，也就是 100 萬元會全部損失。由於 A 可以承擔的損失為 20 萬元，因此他希望自己能夠用 20 萬元作為保費繳納給其他公司，當損失產生時，其他公司可以支付給他 100 萬元的保險金。這時，如果有另一家公司 B，經過計算發現，A 產生損失的可能性小於 20%，那麼它可能會選擇為 A 提供保險。如果 A 投資成功，B 會穩賺 20 萬元。不過，對於 B 來說，它依然有可能發生損失，因為 A 投資失敗，B 就需要支付 100 萬元。對於這個損失產生的可能性，B 可以參考保險公司的策略，尋找足夠多的參保人。比如，對於同樣類型的投資，B 只要找到 5 家與 A 相似的公司，便能獲得利潤。對沖基金便是通過這種策略獲得收益的。而通過計算，我們也能發現：對沖基金實際上也是保險的一種，只不過對沖基金是在為金融投資提供保險。當然，類似我們在前面論述「次貸危機」產生的原因，對沖基金本來是為了降低金融市場上的風險，但現在的發展確實促使了對沖基金本身風險的產生。

保險的存在，加大了道德風險的產生

當「信息不對稱」的時候，會產生「劣幣驅逐良幣」的問題，這個現象被稱為逆向選擇。同時，當信息不對稱的時候，還會產生另一個風險，那就是道德風險。當投保人買了充足的保險之後，由於保險公司無法對投保人進行有效監

督，投保人可能會採取提高事故發生可能性的行為，這時，道德風險就發生了。在前面的例子裏，如果船東沒有保險，那麼他可能會選擇定期對船隻進行維護，並準時收聽天氣預報，當天氣不好的時候採取避免航行的措施。這時，出事故的風險可能是 1%。在這種情況下，保險公司同意以 1,000元的保費為船東提供 10 萬元的保險金。但是，當船東知道自己已經有了充足的保險金時，他明白，即使船隻失事，損失是由保險公司承擔。於是，船東可能會選擇不謹慎的行為，比如不再對船隻進行維護，也不再關注天氣預報。這時，船隻的失事概率可能增加到 2%。但是，由於保險公司沒有辦法監督船隻的運行狀況，船東的行為便無法受到監督。這樣，由於保險的存在反而加大了道德風險產生的可能性。

私家車的保費為什麼比出租車的低？

道德風險有改變市場配置資源的能力。比如在剛才的例子裏，如果沒有保險，一艘船每年只有 2 次出海的任務，其他時間可能需要維護。但是，如果有了保險，船東會降低船隻的維護成本。於是，一艘船可能每年能夠執行 3 次出海任務，這樣，以前一次出海的成本費用可能為 3 萬美元，隨着出海次數的增加，成本會呈現降低的趨勢，比如變成 2 萬美元一次。這些降低的成本實際上轉嫁給了保險公司。從短期來看，由於保險公司沒有辦法有效地獲得船隻的實際狀況，

無法快速提高保費，而船東面臨着成本下降的誘惑，便會增加船隻的使用次數，船東感受到的成本與實際的成本之間發生了偏差，因此，道德風險導致了市場資源配置的改變。

在網際快車業務剛剛興起的時候，私家車車主可能面臨道德風險。本來每個私家車車主所購買的保險是用於私家車的運行，也就是私家車不可用於運營。相比之下，對於出租車等運營車輛來說，由於在路上的時間比私家車的要長，其發生交通事故的可能性也就更高，因此，運營車輛的保費一直以來比私家車的高很多。私家車車主由於以較低的費用得到了相對來說較高的保險金，因此，面臨將私家車用於運營的誘惑。當私家車車主通過網際快車業務在道路上攬客的時候，實際上交通事故發生的風險增加了。因此，私家車車主應該購買運營車輛的保險。但由於保險公司無法查知每個人的開車狀況，私家車車主以私家車的保費採取了運營的行為，會導致私家車車主對於成本判斷的失誤，也就是私家車車主自己感受到的成本支出與社會實際承擔的成本支出不同，進一步造成資源配置的失效。即在正常情況下，運營車輛的數量增多，運營價格會上漲。當私家車車主加入後，會增加運營車輛的數量，降低運營價格。這似乎惠及了每個人，但由於運營時間的增加會造成交通事故的增加，便會導致社會成本的增加，當保險公司發現交通事故增加後，會提高保費，這其實是增加了所有人的保險成本。

為什麼年紀越大，保費越高？

解決「信息不對稱」問題的一個重要方法是有效市場信號的傳遞。想要明白信號傳遞是怎麼起作用的，可以看勞務市場，因為它是一個很好的信息不對稱市場的例子。當僱主想要僱用一些員工時，這些新的員工對於他們能夠提供的勞動質量要比僱主知道得清楚。比如，員工知道他們會多努力工作，是否會對工作負責以及負責任的程度如何，是否具有勝任工作的能力等。對於僱主來說，只有當員工工作一段時間之後，他們才能真正瞭解員工的特徵。僱主決定僱用某些員工時，對他們的工作能力是不瞭解的。

雖然現在很多公司在簽訂僱用協議的時候，規定了試用期。但在短短的 1 個月甚至 3 個月的時間內，很多員工可能會選擇與平時不一樣的工作方式，從而努力度過試用期。同時，很多公司需要花費一段時間對新入職的員工進行培訓。因此，一般情況下，公司至少需要半年的時間才能清楚瞭解一個員工的工作能力、態度等。而為了讓新員工適應本公司的工作，僱主一般需要投入大量的資源對新員工進行培訓。這樣，當公司真的瞭解一個員工的能力之後，解僱員工是一個成本巨大的選擇。

為了避免這種信息不對稱問題的發生，僱主常用的一個方法就是識別高能力僱員所發出的有效市場信號。比如，一個信號是面試時的言語應答以及穿着打扮。高能力僱員的言語應答能力或者穿着打扮可能會在一定程度上好於低能力的

僱員，但是由於面試時間較短，低能力僱員也能較好地在短時間內將自己的應答能力及穿着打扮提升。因此，言語能力和穿着打扮只能算作是一個弱信號。僱主需要一個強烈的信號來區分高能力僱員和低能力僱員，並且這個信號應該是高能力僱員非常願意提供的。

一個重要的強信號便是教育水平。一個人獲得的教育水平可以從幾個方面來衡量：獲得的最終學位、受教育的年數、畢業於哪所大學、平均成績等。當然，受教育的水平不能直接保證一個人具有較高的工作能力，但是，它仍然能夠成為一個人工作能力的強信號。因為較高能力的人更容易獲得高水平的教育，這樣，僱主將受教育的水平作為區分僱員能力的一個重要依據便是正確的。

在保險行業，對於不同的保險產品，保險公司也試圖通過識別信號的方式來區分不同的人群。比如，對於醫療以及大病保險，年齡是一個重要的信號，年齡較大的投保者有較大的可能患上某些慢性病；因此，需要繳納的保費就比年輕的投保者高。

囚徒困境與小雞遊戲

有效信號的傳遞還能在一定程度上消除「囚徒困境」的問題。囚徒困境講的是，兩個犯罪嫌疑人作案後被警察抓住，分別關在兩個不同的屋子裏接受審訊。警察知道兩個人都有罪，但沒有足夠的證據。警察告訴每個犯罪嫌疑人：

如果兩個人都抵賴，結果是各被判一年；如果兩人都坦白，那麼就都被判三年；如果兩人中一個坦白而另一個抵賴，坦白的會被放出去，抵賴的會被判五年。每個犯罪嫌疑人都面臨兩個選擇：坦白或抵賴。但是不管同夥選擇什麼，囚徒的最優選擇是坦白。如果同夥抵賴，自己坦白，自己會被放出去；而抵賴的自己會被判一年，坦白比抵賴好。如果同夥坦白，自己也坦白，自己會被判三年；而抵賴的自己會被判五年，還是坦白比抵賴好。結果，兩個犯罪嫌疑人都選擇坦白，各被判三年。但我們將兩個人作為整體看，如果兩人都抵賴，各被判一年，顯然這個結果更好。

在探討如何解決囚徒困境問題之前，我們先來看另一個着名的案例——小雞遊戲（the game of chicken）。小雞遊戲也被稱為「懦夫遊戲」，它的故事是這樣的：兩個人各開一輛車，從相對的方向高速行駛，都面臨撞車的危險。當兩輛車就要相撞的一瞬間，如果有一方選擇了扭軚盤避讓，那麼避讓的這一方會被認為是「小雞」，也就是「懦夫」，另一方沒有選擇避讓的駕駛員會獲得「勇士」的稱號。在小雞遊戲中，每一方都希望對方能夠選擇轉向，而自己堅持不轉向，但是如果雙方都不轉向，就意味着車禍的發生，損失是最慘重的。從整體來看，最好的結果應該是兩人都轉向，這樣兩人雖然都會被稱為「懦夫」，但在沒有「勇士」的前提下，雙方都不會有巨大的心理落差。

對於小雞遊戲中的雙方來説，如果想贏得這場比賽，最

好的辦法就是傳遞給對方一個有效的信號，告訴對方「我一定不會轉向」。在這裏，一個有效的強信號，就是放棄自己的選擇權。比如在這個遊戲中，你可以當着對方的面蒙住自己的眼睛，這實際上是告訴對方你放棄了「轉向」的選擇。對方在出車禍和被稱為「懦夫」之間，出於理性的考慮會選擇被稱為「懦夫」，因為這樣可以避免受重傷。

小雞遊戲雖然是虛構的，但在實際中的應用卻很多。比如冷戰期間的古巴導彈危機，蘇聯和美國雙方如果都採取強硬的態度，就意味着核戰爭的爆發，這是雙方都不願意看到的。但是如果雙方中任何一方選擇退縮，這一方就會被國際社會輕視，也就被稱為小雞遊戲中的「懦夫」。因此，雙方的態度就變成了希望對方主動退縮，而自己呈現出強硬的態度。甘迺迪（Kennedy）的做法就是向赫魯曉夫（Khrushchev）展現自己沒有選擇權。甘迺迪宣佈美國在世界各地的軍隊進入緊急戒備狀態，並在美國本土集結了二戰之後最大的軍事力量，同時徵調了足夠的軍事物資。他還率先發表演講，向國際社會傳遞自己會採取強硬措施的信號。甘迺迪實際上是將自己逼上了絕路：放棄了談判。這樣，為了避免真的發生核戰爭，赫魯曉夫只能選擇將導彈從古巴運走。

再回到「囚徒困境」的故事。每個囚徒選擇的是坦白，但從整體上來說，應該選擇抵賴。為解決這個問題，一個有效的辦法也是引入信號。這個信號要強到讓囚徒相信，選擇

坦白會比選擇抵賴付出更大的代價。犯罪集團常用的一個方法就是報復。如果一個犯罪分子選擇了坦白，犯罪集團會想盡一切辦法對這個犯罪分子進行報復，在這個強烈信號下，囚徒的唯一選擇就是抵賴。

　　在市場交易中，「囚徒困境」的情況常會發生。如果交易雙方都遵守合同，那麼都有少量的錢賺；如果一方違背合同，另一方遵守合同，違背合同的一方會有高額利潤；如果雙方都違背合同，雙方就會面臨損失。這種商業模式，我們在討論卡特爾組織以及石油輸出國組織時曾經提到過。石油輸出國組織中的每一個成員國如果遵守合約，選擇降低產量、提高價格的方式，所有國家都有較少的利潤。如果其中一個國家違背合約，提高產量，可以得到高額利潤。如果所有國家都提高產量，其實意味着所有國家都會損失。面對「囚徒困境」的問題，一種解決辦法就是，讓所有國家相信，雖然違約會得到較高的利潤，但其他國家一定會對它進行懲罰，而懲罰的代價會高於它獲得的利潤。這樣，每個國家都會選擇合作，而不是違約，這便是有效市場信號傳遞所發揮的作用。

所有投資都以降低風險為目標

　　到現在為止，你可能會發現，所有投資行為都以降低風險為目標，不管是保險、對沖基金、期權還是期貨，最初產生的目的都是盡可能地降低風險，這符合風險規避者的理性人假設。比如投資的期望價值是 5,000 元，投資 A 的收益

有 50% 的可能性是 10,000 元，有 50% 的可能性是 0 元；投資 B 的收益 100% 是 5,000 元。那麼作為理性人，我們可以說投資 A 的風險遠遠大於投資 B 的，因此，選擇投資 B 是最合理的行為。

風險的計算

風險的大小可以通過偏離度，也就是離差來進行衡量。比如，前面兩個投資項目的離差可以用下面的方法來計算。對於投資 A 來說，當 10,000 元收益發生時，這個收益與期望收益的離差為 10,000 元 -5,000 元 =5,000 元。當 0 元收益發生時，這個收益與期望收益的離差為 0 元 -5,000 元 =-5,000 元。由於在計算離差時不使用負數，因此，當計算得出負數時都應該轉為正數，這樣，0 元收益發生時的離差也為 5,000 元。這樣，投資 A 的離差為 5,000 元 ×0.5 +5,000 元 ×0.5=5,000 元，而投資 B 的離差顯然為 0 元。因此，我們可以說，投資 A 的風險要大於投資 B 的風險。

鑒於使用離差計算風險大小時，我們需要對結果進行正負數的轉換，避免這一麻煩的一個通常做法是對所有離差進行平方。對於投資 A 來說，當 10,000 元收益發生時，平方離差就是 $(5,000)^2$ 元 =25,000,000 元；0 元收益發生時，平方離差為 $(-5,000)^2$ 元 =25,000,000 元。這樣，投資 A 的方差是 25,000,000 元 ×50%+25,000,000 元 ×50%= 25,000,000 元，而投資 B 的方差依然為 0 元。對每個方差求平方根，就叫標準差，由於平方根總能得到正數，因此用標準差代替離

差成了經濟學界以及金融界慣用的對風險進行衡量的方法。投資 A 的標準差為 5,000；投資 B 的標準差為 0 元。由此可見，不管採用什麼方法，投資 A 的風險都要遠遠大於投資 B 的風險。

投資者購買保險後，風險會降低

現在再來看前面提到的對沖基金的例子。投資者 A 的金融項目如果成功，會收到 100 萬元的利潤，也就是加上本金會有 200 萬元的收入，這個概率為 80%；如果投資失敗，就會血本無歸，也就是有 20% 的可能性收入為 0 元。這樣，投資者 A 的期望收入 200 萬元 ×80%+0 元 ×0%=160 萬元。當 A 購買了保險之後，如果投資成功，由於事先支付了 20 萬元的保費，A 的收入會變為 200 萬元 -20 萬元 =180 萬元；如果投資失敗，公司 B 會對 A 進行賠付，除去支付的 20 萬元保費，A 的實際收入為 80 萬元。也就是説，購買保險後，A 有 80% 的可能性收入為 180 萬元，有 20% 的可能性收入為 80 萬元。那麼，A 的期望收入為 180 萬元 ×80%+80 萬元 ×20%=160 萬元。

購不購買保險，A 的期望收入都為 160 萬元。但是，從風險上來看，購買保險，A 的風險降低了。用離差方法來計算的話，沒有購買保險的情況下，如果投資成功，A 的收入離差為 200 萬元 -160 萬元 =40 萬元；如果投資失敗，A 的收入離差為 160 萬元。這種情況下，A 的收入離差為 40 萬元 ×80%+160 萬元 ×20%=64 萬元。如果購買保險，投資

成功，A 的收入離差為 180 萬元 -160 萬元 =20 萬元；如果投資失敗，A 的收入離差為 80 萬元。因此，這種情況下，A 的收入離差為 20 萬元 ×80%+80 萬元 ×20%=32 萬元。由此可見，購買保險時的離差小於不購買保險時的離差，這意味着購買保險讓投資者的風險降低了。

同樣地，通過方差的計算方法，在沒有買保險的情況下，A 的 投 資 方 差 為 80%×(40)² 萬 元 +20%×(160)² 萬 元 = 6,400 萬元，買了保險的情況下，方差為 80%×(20)² 萬 元 + 20%×(80)² 萬 元 =1,600 萬元。不買保險的標準差為 80 萬元，買保險的標準差為 40 萬元。由此可見，不管通過哪種計算方法，投資者購買保險時的風險都會降低。

為什麼「不要把雞蛋放在一個籃子裏」？

除了購買保險外，另一個有效降低風險的方法是投資產品的多樣化，也就是我們常説的「不要把雞蛋放在一個籃子裏」。用一個比較簡單的計算方法來對投資多樣化進行分析。如果一個旅遊勝地，每年夏天有 50% 的可能性是雨天較多，有 50% 的可能性是晴天較多。這個旅遊勝地有一個商店，商店老闆每年會賣兩種商品，一種是西瓜，一種是雨傘。老闆由於無法預測每年夏天到底會以什麼樣的天氣為主，為了使面臨的風險最小，他應該如何抉擇呢？

當老闆只賣西瓜的話，天氣以晴天為主，老闆整個夏天的收入會是 30,000 元；天氣以雨天為主，老闆賣西瓜的銷

售額就會降到 10,000 元。當老闆只賣雨傘的話，天氣以晴天為主，整個夏天的收入是 10,000 元；天氣以雨天為主，老闆整個夏天的收入會達到 30,000 元。

如果老闆只賣西瓜或者只賣雨傘的話，他的期望收入是 30,000 元 ×50%+10,000 元 ×50%=20,000 元。但是，假如老闆把資金分散開，一半用來進雨傘、一半用來進西瓜，雖然能夠出售的每樣產品數量都降低了，但是如果是晴天為主的話，賣西瓜的收入會是 15,000 元，賣雨傘的收入會是 5,000 元，總收入為 20,000 元。如果是雨天為主的話，賣西瓜的收入會是 5,000 元，賣雨傘的收入會是 15,000 元，總收入同樣也為 20,000 元。前後兩種銷售方式的預期收入相同，但是當產品多樣化的話，收入的風險會大大降低，預期收入穩定在 20,000 元。因而，通過多樣化的方式，風險得到了消除。

當然，多樣化並非如此簡單。在剛才的例子裏，西瓜和雨傘的銷售額正好正負相關——此消彼長，此長彼消，但多樣化的原則是普遍存在的。我們只要投資一些相關性較小的產品，依然能夠消除一部分的風險。

如果你曾經研究過股票市場，那麼對於「投資組合」的概念可能並不陌生。投資組合就是不能把雞蛋放在同一個籃子裏。同樣是在股票市場，如果你把全部資金都用來買一隻股票的話，這只股票急劇下跌就意味着你的損失慘重，因此投資股票時，很多股票經紀人給出的建議是分散投資。你多

買幾隻股票，就意味着即使某一隻股票大跌，也不至於沒有翻身的機會。除了投資股票，我們也應該對自己的資金進行有效管理，要通過「投資組合」的方式有效配置自己的資金。如果你將全部資金都放到銀行，這樣的投資風險會非常小，但是與之相應的是投資的收益會很低。如果你將全部資金都投到股票市場上，雖然有可能得到高額的收益，但股票市場的波動很可能讓你損失所有資金。

風險的兩種類型

投資的風險都可以分為兩種：系統性風險和非系統性風險。系統性風險指的是市場風險，是由於政治、經濟、社會等環境因素造成的某項投資的風險。比如，某個企業本身的經營雖然沒有問題，其股票在相當長的一段時間內應該呈現逐漸上升的趨勢，但因為某一政策的實施或者整個證券市場不景氣，股價卻下跌了。在系統性風險發生時，整個股票市場或者大多數股票都會呈現下跌的趨勢，其造成的後果具有普遍性，投資者往往要遭受很大的損失。非系統性風險指的是和投資本身相關的風險，比如企業自身的經營風險等。

目前，主要的系統性風險有以下幾個。

第一個是政策性風險。政府的某些經濟政策或者管理措施的變化，會導致公司利潤、投資收益變化，這些變化會直接影響投資者的投資收益。比如政府頒佈政策限制個人購房，這一政策看似與房地產市場無關，但可能會使房地產公

司利潤降低，進而影響房地產公司競拍土地的積極性，導致房地產行業股票的普遍下降，這便是政策改變引起的系統性風險。除了本國的政策外，國外的政策改變也會導致本國投資市場的波動。比如，某國政府宣佈提高與他國貿易的關稅壁壘，這會影響國內外貿公司的收入，導致國內股票市場股價的集體下跌。由於這類風險與單個企業無關，但又會影響所有企業的股價水平，這樣的風險便屬系統性風險。

第二個是由於利率導致的系統性風險。利率是中央銀行控制國內資金供需水平的重要指揮棒，利率下降時，企業的貸款、投資成本會降低，所有企業都會有較好的預期收益；利率上升時，企業的貸款、投資成本會升高，所有企業的預期收益以及預期利潤都會降低。

第三個是購買風險。由於物價的上漲，同樣數額的資金，未必能買到過去同樣的商品。物價的變化導致了資金實際購買力的不確定性，這被稱為購買力風險或通脹風險。在證券市場上，由於投資證券的回報是以貨幣的形式來支付的，在通脹時期，貨幣的購買力下降，也就是投資的實際收益下降，即會給投資者帶來損失的可能性。

系統性風險發生時，所有的投資項目都將面臨較大的損失，因此，系統性風險無法通過多樣化的投資組合進行防範，但可以通過控制資金投入比例等方式，減少其影響。即當預期系統性風險來臨時，我們可以減少投資資金的數量；預期系統性風險較小時，我們可以適當提高投資資金的比例。

要不要借錢消費？

在我們的傳統觀念中，借錢是一個很不好的行為。因為很多人有這樣的成見：別人會因為借錢而看不起自己。但事實上，真正的富豪會利用槓桿，實現四兩撥千斤的效果。就像泰國金融危機時，「金融大鱷」索羅斯在狙擊泰銖時，不會用自己的錢。他借錢和我們借錢有什麼區別嗎？是不是只有金融玩家才適合借錢，而普通的社會民眾就不應該借錢？比如我想買一台喜歡的電腦，究竟是應該儲蓄一筆錢，還是應該用京東白條貸款（先消費，後付款）去買呢？

借錢，其實是對財富的再分配

借錢行為是一個跨時間配置資源的典型行為。人在一生中，對於金錢的需求及獲得會隨着時間而改變。比如在工作之前，尤其是上大學期間，我們幾乎沒有賺錢能力，但是由於需要專心學習，對於金錢的需求雖然不高，但是依然大於對金錢的獲得。剛剛工作，初入職場，大多數人的薪水都是最低的一檔，這時賺錢能力較弱，但是由於這個階段還沒有面臨買房、結婚、生子的需求，因此對於金錢的需求相對來說也較低，可以說是收入大於支出。在工作幾年之後，賺錢能力逐漸提升，但隨之而來的是結婚、生子、買房等多方面的支出需求。在這一階段，資金的需求遠遠大於資金的獲取。再過一段時間，隨着工作經驗的積累、工作能力的提高，獲得資金的能力逐漸提升，而大額消費的需求逐漸減少。尤其是在 50-60 歲之間，子女逐漸開始走上工作崗位，

而此時的金錢獲取能力達到人生的最高峰。這一階段會有大量的金錢積累，而主要考慮的是退休之後，生活水平的維持問題。退休之後，我們往往會面臨金錢獲取能力的降低，因為退休金一般情況下都要比工作期間的收入低。但同時，我們退休之後的高額支出也會相應減少。

從人一生的金錢獲取與支出波動來看，20-30 歲之間對於金錢的支出需求很大，但是金錢的獲取能力卻較低。相應地，50-60 歲之間，金錢的獲取能力很強，但是支出需求卻不高。從直觀上來說，人一生的財富分配是早期貧困與後期富裕。如果可以對一生的資源進行重新配置的話，很多人可能會選擇將富裕時期的財產轉移一部分到貧困時期，這樣便不需要在貧困時期忍受困苦，也不會在富裕時期回想貧困時的艱難而產生遺憾。借錢便是對人一生的財富進行重新安排的一種重要方式。

當下最常見的借錢方式之一是貸款買房。直觀上，我們已經發現，如果沒有銀行貸款，很多人無法支付現在高企的房價，特別是北京、上海、深圳等一線城市的房價，如果想在這些城市購買房子，在不使用貸款的情況下，很多人可能窮其一生都沒有辦法負擔得起。通過銀行貸款買房，年輕人可以通過較低的首付，實現擁有一套房子的願望。由此可以看出，借錢可以有效提高一個人的幸福感及滿意度。

但是，這兩年頻繁出現「裸條貸款」「P2P 貸款醜聞」等事件，很多大學生捲入其中，他們不僅讓自己陷入了金錢

的危機，甚至搭上了終身的名譽。在這種情況下，貸款或者借錢成了諸多問題產生的根源，借錢似乎成了一件「萬惡不赦」的事情。那麼，借錢到底對不對呢？

分期付款划算嗎？

衡量借錢對不對，我們要注意幾個問題：借錢的利息、還款期限、還款方式以及個人的承擔能力。

利息可以分為兩類：複利和單利。單利是利息不再產生利息，也就是本金固定，到期後一次性結算利息，而本金產生的利息不再計算利息。複利就是俗稱的「利滾利」，也就是把上一期的本金和利息作為下一期的本金來計算。舉個簡單的例子，如果 10,000 元存 2 年，採用單利的方式，年利率為 3.25%，2 年後的利息為 10,000 元 ×3.25%×2=650 元。如果採用複利計算，利息就是 10,000 元 ×3.25%×2+10,000 元 ×3.25%×3.25%=650 元 +10.56 元，其中 10,000 元 ×3.25%×3.25%=10.56 元就是第一年的利息 10,000 元 ×3.25% 在第二年產生的利息，也就是利息的利息。

還款的利率和時間都相同，但複利比起單利要多 10.56 元。這個道理可能是老生常談，但是很多校園貸便是採用複利的方式，讓貸款人陷入債務危機。與利息相關的一個概念，是計息週期，也就是按日利息、月利息還是年利息來對利息進行計算。如果採用日利息進行計算，比如日利息是萬

分之五，也就是説，每天都會有萬分之五的利息產生。如果
本金是 10,000 元，即使用單利來計算，每天的利息也有 5
元，一年就會產生 5 元 ×365=1,825 元的利息，這相當於
年利率是 18.25%。如果按複利計算，日利息是萬分之五的
話，年利率會超過 20%，也就是一年會有超過 2,000 元的
利息。大多數信用卡的利息就是萬分之五，看起來很低，但
由於是按日計算利息，因此，折合成年利率會超過 20%。

　　民間私人借貸常説的三分利指的是月利率 3%，如果借
款總額為 10,000 元，那麼一個月需要償還的利息為 10,000
元 ×3%=300 元。一年 12 個月，需要償還的利息為 300 元 ×
12 月 =3,600 元。這樣下來，年利率是 36%。由此可見，
這樣的利率水平遠遠大於銀行貸款的 3%-5%。

　　現在銀行有一種隱性的收取利息的方式，我們需要引起
注意。我們經常看到「零息貸款」或者「賬單分期」，一般
來説，這種情況下，借款不收取利息，但會收取一定數量的
手續費，其實這個手續費便是變相的利息。我們來看看這個
利息是如何計算的。比如，年初的時候有 12 萬元的貸款，
你可以選擇一次性付清，也可以將賬單進行分期。如果選擇
賬單分期，你可以將 12 萬元分成 12 期進行償還，也就是
每個月還 1 萬元。你不需要償還利息，但每個月需要支付
800 元的手續費。初看起來，每個月的 800 元相對於全部的
12 萬元來説，只有 0.67%。但每個月 800 元，12 個月就是
9,600 元。不過，我們不能簡單地説 9,600 元的手續費是高

還是低，畢竟不需要一次性付清 12 萬元，還能有機會將這 12 萬元進行投資，也許還有更高的收益。

利息的計算可以通過這樣的方法。年初時，貸款人有兩個選擇：一個是一次性付清 12 萬元，將賬單付清；另一個是每個月支付 1 萬元，將剩下的錢用來投資。如果投資的利率為 5%，那麼，第一個月這個人有 12 萬元用來投資，第二個月會變成 11 萬元，第三個月為 10 萬元……直到最後變為 0 元。如果不算複利的話，每個月的月利率為 5%÷12=0.417%，那麼，第一個月的 12 萬元會產生 12 萬元 ×0.417% 的利息，第二個月產生 11 萬元 ×0.417% 的利息，第三個月產生 10 萬元 ×0.417% 的利息……直到最後變為 0 元，利息一共為 (12+11+10+……+1) 萬元 × 0.417%=0.32526 萬元，也就是 3,252.6 元。這裏有一個簡單的計算方法，那就是由於本金是每個月固定金額遞減的，初始時為 12 萬元，最後為 0 元，這相當於他在銀行存了 6 萬元一年的定期。這樣，他投資的利息就是 6 萬元 × 5%=3,000 元。也就是說，如果他將錢投資，一年得到的利息是 3,000 元，但他需要付出 9,600 元的手續費。由此可見，他應該在年初時一次性付清賬單。同理，如果賬單分期的手續費低於 3,000 元，他便應該申請賬單分期，逐月支付，因為通過投資，他能獲得比手續費更多的利息收入。如果他能大幅度提高投資收益率，比如通過投資，他能獲得 20% 的收益率，那麼通過分期還款，他可以將剩餘的錢進行

投資，收益為 6 萬元 ×20%＝1.2 萬元。這比賬單分期要支出的手續費高，顯然選擇賬單分期更合適。

還款期限指的是什麼時候歸還借款。對於助學貸款，一般是大學生畢業後開始還，6 年內還清。同時，畢業的前兩年還款，大學生不需要還本金，只需要償還利息。這樣，對於借款人來說，助學貸款便提供了一個緩衝期，他們可以在這期間找到工作，再開始還款。如果還款期限合理，能夠保證借款人有足夠的時間歸還借款，這樣的還款期限是合理的。但很多校園貸款，還款期限往往只有一周，最多是一個月。這樣的還款期限對於借款人來說是很不合理的，在短短一周的時間內，很多學生不可能有足夠的錢來還。正是由於超短的還款期限，很多學生成了高利貸的受害者。

還款方式有多種，比如一次性還款和分期還款、等額本金和等額本息，等等。還房貸的方式有等額本金和等額本息兩種，等額本金指的是每期所還的錢中，本金是固定的。這樣，我們剛開始還錢時，由於本金多，每個月還的錢就多，但之後會逐月減少。等額本息指的是每個月還的錢總額是一定的，開始時比等額本金的方式還的錢少，因此初期還款壓力較小，但之後的還款額會超過等額本金方式的還款額。還有一種還款方式是自由還款，在這種方式下，銀行規定了每月最低還款額。如果借款人每月只還最低還款額，那麼在最後一期還款時，將會面臨高額的還款額。比如，貸款 80 萬

元，30 年付清，每月只付最低還款額，那麼最後一期的還款額將會超過 20 萬元。

　　歸根結底，不管利率有多高、還款期限及還款方式如何，只要借款人的個人承擔能力足夠強，就不需要擔心還不上錢。個人的還款能力需要綜合考慮未來的收入、之前的儲蓄，如果有投資的話，還需要考慮投資的風險等因素。只有保證個人的承擔能力超過還款需求，借錢才是有意義的。

附錄：
重要的經濟概念

　　從宏觀上講，經濟指標是對經濟進行分析、研究、統計的結果，是各項經濟工作的基礎；從微觀上講，每個人的投資都要以經濟指標為參考。常見的經濟指標有國內生產總值、消費者物價指數（CPI）、貿易順差（Favorable Balance of Trade）和貿易逆差（Unfavorable Balance of Trade）等。經濟指標往往由政府或私人機構定期公佈，在金融市場上，幾乎每一個人都會依賴這些指標的數據。有些指標已經在前面出現過，下面列出了一些重要的經濟概念，以供大家參考。

國內生產總值

　　國內生產總值，就是我們常說的 GDP，指的是一個國家或地區在一定時期內國民經濟各部門價值的總額。該指標是宏觀經濟中最受關注的經濟指標，因為它被認為是衡量國民經濟發展情況最重要的一個指標。

在理解 GDP 的概念時，我們要注意以下幾點。第一，GDP 是用最終產品和服務來計量的，即最終產品和服務在該時期的最終出售價值。根據產品的實際用途，產品可以被分為中間產品和最終產品。最終產品是指在一定時期內生產的可供人們直接消費或者使用的物品和服務。中間產品是指為了再加工或者轉賣而供別種產品生產使用的物品和勞務，如原材料、燃料等。GDP 必須按當期最終產品的價值計算，中間產品的價值不能計人，否則會造成重複計算。第二，GDP 是一個市場價值的概念。各種最終產品的市場價值是在市場上達成交換的價值，用貨幣來加以衡量，通過市場交換體現出來。一種產品的市場價值是用這種最終產品的單價乘以其產量得出的。第三，GDP 一般僅指市場活動產生的價值。那些非生產性活動以及地下交易、黑市交易產生的價值等不計入 GDP 中，如家務勞動、自給自足性生產、賭博和毒品的非法交易等。第四，GDP 是計算期內生產的最終產品價值，因而是流量而不是存量。第五，GDP 不是實實在在流通的財富，它只是用標準的貨幣平均值來表示財富的多少。但是生產出來的產品能不能完全轉化成流通的財富，是不確定的。

消費者物價指數

消費者物價指數，是反映與居民生活有關的產品及勞務的價格變動指標，通常被作為衡量通貨膨脹水平的重要指標。

生產價格指數

生產價格指數（Producer Price Index，簡稱 PPI），是衡量工業產品出廠價格變動趨勢和變動程度的指數，是反映某一時期生產領域價格變動情況的重要經濟指標。生產價格指數與消費者物價指數不同，其主要是衡量企業購買的一籃子物品和勞務的總費用。由於企業最終要把它們的費用以更高的消費價格形式轉移給消費者，所以通常認為生產價格指數的變動對預測消費者物價指數的變動是有用的。

第一產業、第二產業、第三產業

第一產業主要是指以利用自然力為主，生產不必經過深度加工就可以消費的產品或工業原料的產業，主要是農業，也包括林業、牧業、漁業等。第二產業主要是指工業，也包括採掘業、建築業等。第三產業是指除第一、二產業以外的其他產業，包括交通運輸業、倉儲和郵政業、信息傳輸業、計算機服務和軟件業、批發和零售業、住宿和餐飲業、金融業、房地產業及社會福利業等。

在工業革命之前，人類的主要生產以及主要的人力投入都分佈在第一產業。隨着工業革命的發展，特別是第二次世

界大戰之後，發達國家的工業化水平逐漸提高，第二產業的地位也開始不斷上升。很多發達國家，在 20 世紀 60 年代到 70 年代中期，第二產業的比值達到了最高峰。20 世紀 80 年代以來，隨着重工業比值的萎縮，第三產業在國民經濟中所佔的比重逐漸升高，第二產業的比重逐漸降低。

全社會固定資產投資

全社會固定資產投資是以貨幣形式表現的建造和購置固定資產活動的工作量，是反映固定資產投資規模、速度、比例關係和使用方向的綜合性指標。按經濟類型分，它分為國有、集體、個體、聯營、股份制及其他固定資產投資；按管理渠道分，它分為基本建設、更新改造、房地產開發和其他固定資產投資 4 個部分。

社會消費品零售總額

社會消費品零售總額（Social Retail Goods）指批發零售貿易業、餐飲業、製造業及其他產業針對城鄉居民和社會集團的消費品零售額與農民針對非農業居民的零售額的總和。其反映一定時期內人民物質文化生活水平的提高情況，和社會商品購買力的實現程度和零售市場的規模狀況，是研究人民生活水平、社會零售商品購買力、社會生產、貨幣流通和物價發展變化趨勢的重要指標。

外匯儲備

外匯儲備，又稱外匯存底，指一國政府所持有的國際儲備資產中的外匯部分，即一國政府保有的以外幣表示的債權，是一個國家持有的並可以隨時兌換外國貨幣的資產。狹義而言，外匯儲備是指一個國家的外匯積累；廣義而言，外匯儲備是指以外匯計價的資產，包括現鈔、黃金、國外有價證券等。它是一個國家國際清償力的重要組成部分，同時對於平衡國際收支、穩定匯率有重要的影響。

投機性短期資本

投機性短期資本，又稱遊資（Refugee Capital）、熱錢（Hot Money）或不明資金，是只為追求最高收益以最低風險在國際金融市場上迅速流動的短期投機性資金。在外匯市場上，由於此種投機性資金常從有貶值傾向的貨幣轉換成有升值傾向的貨幣，這樣便增加了外匯市場的不穩定性，因此，只要預期的心理存在，唯有讓升值的貨幣大幅波動或實行外匯管制，才能阻止這種投機性資金的流動。

外商直接投資

外商直接投資是外國企業和經濟組織或個人按中國有關政策、法規,用現匯、實物、技術等在中國直接投資的行為,包括在中國境內開辦外商獨資企業,與中國境內的企業或經濟組織共同成立中外合資經營企業、合作經營企業,以及合作開發資源的投資(包括外商以投資收益進行的再投資)。

貿易順差或逆差

在一定的時間裏(通常按年度計算),貿易的雙方互相買賣各種貨物,甲方的出口金額大於乙方的出口金額,或甲方的進口金額少於乙方的進口金額,其中的差額,對甲方來說,就是貿易順差,對乙方來說,就是貿易逆差。

工業增加值

工業增加值是指工業企業在報告期內以貨幣形式表現的工業生產活動的最終成果,是工業企業全部生產活動的總成果,扣除生產過程中消耗或轉移的物質產品和勞務價值後的餘額,是工業企業生產過程中新增加的價值。而各部門增加值之和就是國內生產總值。

儲蓄率

儲蓄率是指個人可支配收入總額中儲蓄所佔的百分比，是分析居民儲蓄的另一個角度。中國儲蓄率在全球排名第一，一直維持着較高水平。高儲蓄率為經濟發展提供了重要的資金來源，同時也導致了內需不足、銀行系統性風險增加等問題。造成中國高儲蓄率的主要原因是養老、醫療、住房、教育等方面的社會保障和福利不到位，以及居民對未來風險和收入不確定性的擔憂。

匯率

匯率是一個國家的貨幣折算成另一個國家貨幣的比率，是一種貨幣用另一種貨幣表示的價格。匯率變動是受經濟、政治等多種因素的影響，其中的經濟因素集中到一點，就是國家的經濟實力。如果國內經濟結構合理，財政收支狀況良好，物價穩定，經濟實力強，商品在國際市場中就具有競爭力，出口貿易會增長，貨幣匯率堅挺；反之，則貨幣匯率疲軟，貨幣面臨貶值壓力。匯率的變動也會對經濟、政治等多方面產生重大影響。本幣貶值，可以刺激出口、抑制進口，導致資金外流，影響一國的收支平衡。

失業率

　　失業率是指一定時期內滿足就業條件的就業人口中未有工作的勞動力的比例，旨在衡量閒置的勞動產能，是反映一個國家或地區失業狀況的主要指標。失業率增加是經濟疲軟的信號，這會促使央行放鬆銀根，刺激經濟增長；失業率下降，則可能導致通貨膨脹，央行會收緊銀根。

給年輕人的極簡金融課

作者
童哲

責任編輯
Karen Kan

美術設計
Nora Chung

排版
辛紅梅

出版者
萬里機構出版有限公司
香港鰂魚涌英皇道1065號東達中心1305室
電話：2564 7511
傳真：2565 5539
電郵：info@wanlibk.com
網址：http://www.wanlibk.com
　　　http://www.facebook.com/wanlibk

發行者
香港聯合書刊物流有限公司
香港新界大埔汀麗路36號
中華商務印刷大廈3字樓
電話：（852）2150 2100
傳真：（852）2407 3062
電郵：info@suplogistics.com.hk

承印者
中華商務彩色印刷有限公司
香港新界大埔汀麗路36號

出版日期
二零一九年十一月第一次印刷